Angelika Krüger

Vegane Köstlichkeiten – international

Angelika Krüger

Vegane Köstlichkeiten
– international

Rezepte aus Afrika, Asien,
Lateinamerika und Europa

illustriert von Karin Bauer

pala
verlag

Inhalt

Liebe Leserin, lieber Leser!

Mit diesem Kochbuch habe ich die Möglichkeit, zwei meiner großen Leidenschaften – Kochen und Reisen – miteinander zu verbinden. Vor fast dreißig Jahren entschloss ich mich, vegetarisch zu leben. Seither haben mein Interesse an ernährungswissenschaftlichen Themen und meine Begeisterung fürs Kochen stetig zugenommen. Ich begann, Seminare und Kochkurse zu besuchen, und habe später parallel zu meinem Ethnologiestudium in einem Naturkostladen gearbeitet. Gleichzeitig habe ich auch selbst Kochkurse und Backkurse geleitet. Zudem lebe ich seit vielen Jahren mit einem ausgebildeten Meisterkoch zusammen, der meine Kochkünste durch einige »Profitricks« verfeinert hat. Bei ihm bedanke ich mich ganz besonders für seine Hilfe und Unterstützung bei der Realisierung dieses Buches.

Auf meinen Reisen bin ich stets auf der Suche nach »traditionellen«, landestypischen Rezepten, was nicht immer einfach ist. Manchmal werde ich auf Straßenmärkten in abgelegenen Gebieten, die bislang noch weitgehend vom Massentourismus verschont geblieben sind, fündig. Oder ich werde eingeladen und im Haus des Gastgebers bekocht, wobei die eigentliche Arbeit dann häufig darin besteht, meine Gastgeberin oder meinen Gastgeber davon zu überzeugen, dass ich tatsächlich das Essen ihrer Großmutter auf dem Lande essen möchte und nicht modernen, meist pseudowestlichen Schnickschnack. Manchmal gehe ich auch einfach auf den Markt und bringe das erstandene Gemüse in die Hotelküche, wo das Kochteam dann ein tolles Essen zaubert. Oftmals sind die Angestellten über das Mehr an Arbeit, das mit einem solchen Wunsch verbunden ist, zunächst verärgert und können unsere Absicht kaum glauben. Aber das gute Trinkgeld, meine Begeisterung und auch die Möglichkeit, an den traditionellen Mahlzeiten teilnehmen zu können, rufen dann doch die Freude beim Kochteam hervor. Täglich serviert man uns dann neue Leckereien, die es sonst nur noch selten, zu besonderen Anlässen oder beim Besuch bei der Familie in einem kleinen abgelegenen Dorf, gibt.

Ein geringer Anteil der Rezepte in diesem Buch stammt von Freundinnen und Freunden aus den jeweiligen Ländern, die jetzt in Deutschland oder England leben. Für ihre Hilfe bin ich äußerst dankbar. Im Übrigen bedanke ich mich bei allen Menschen, die mir Gelegenheit gaben, dieses Buches zu schreiben, und die mich dabei unterstützt haben.

Angelika Krüger

Hinweise
zum Gebrauch

Bei der Auswahl der Rezepte habe ich versucht, typische Gerichte der jeweiligen Länder zu finden, das heißt »traditionelle« Speisen mit landestypischen, weitgehend originalen Zutaten, die so authentisch wie möglich und somit auch vollwertig sind. Da es auch bei Originalgerichten unzählige Varianten gibt, habe ich jeweils mein Lieblingsrezept ausgewählt.

Die meisten Gerichte sind traditionell vegan. In wenigen Fällen habe ich Fleisch durch Seitan ersetzt. Dies erscheint mir eine gute Alternative für die vegane Ernährung zu sein, die die Gerichte nicht zu sehr verfälscht. Einige Zubereitungen können nach Geschmack durch veganen Joghurt oder ähnliche Produkte ergänzt werden.

Wenn traditionell Honig verwendet wird, finden Sie in der Zutatenliste als Zutat »beliebiges Süßungsmittel«, wobei Reismalz oder Maismalz meines Erachtens in jeder Beziehung die besten Alternativen bieten.

Da es sich bei diesem Kochbuch um eine Rezeptsammlung aus verschiedenen Erdteilen und somit Klimazonen handelt, war es mir nicht möglich, alle mir bekannten gesundheitlichen Aspekte für den hiesigen Gebrauch zu beachten. Drei einfach zu befolgende Möglichkeiten, gute Bekömmlichkeit und besten Geschmack zu erreichen, stelle ich im Folgenden vor.

1. Vor allem bei der Verwendung von Nachtschattengewächsen empfehle ich, die jeweils spezielle Zubereitungsart zu befolgen: Das kann das Einsalzen vor dem Garen, das Braten oder die Länge der Kochzeit sein. Nachtschattengewächse wie Auberginen, Tomaten, Paprika oder Kartoffeln sind in subtropischen und tropischen Klimazonen vergleichsweise weit verbreitet. Sie enthalten in unterschiedlichen Mengen unbekömmliche Substanzen, zum Beispiel Solanin. Überall auf der Welt haben Menschen Methoden entwickelt, diese Pflanzen trotzdem in der Küche nutzen zu können. Ich habe mich bemüht, bei der Zusammenstellung landestypische und darüber hinaus geltende Regeln mit ernährungswissenschaftlichem Wert zu berücksichtigen. Um besten Geschmack und gute Bekömmlichkeit zu gewährleisten, empfehle ich die Zubereitungsweise, die im jeweiligen Rezept beschrieben ist. Für die Nutzung in unserer Klimazone kann es außerdem hilfreich sein, solche Gerichte eher in der warmen Jahreszeit zu essen, also dann, wenn das hiesige Klima eher der klimatischen Herkunft des Gerichtes entspricht.

2. Spinat, Sauerampfer, Mangold und Rhabarber sollten für eine gute Bekömmlichkeit – ähnlich wie grüne Bohnen oder Kohl – vor der weiteren Verwendung kurz in heißem Wasser blanchiert und nicht roh verwendet werden. Das Blanchierwasser wird nicht weiter genutzt.

3. Auch die Kombination von Obst und Getreide gilt individuell als nicht gut verträglich für den Menschen. Traditionell stehen Gerichte aus Obst und Getreide eher selten auf den Speiseplänen der unterschiedlichen Landesküchen. Ich verwende sie vor allem bei Desserts, die ohnehin nicht Bestandteil der täglichen vollwertigen Mahlzeit sein sollten. Eine süße (oder besser »saure«) »Sünde«, die man sich bewusst und ab und zu gönnt, kann der Seele gut tun ...

Mit den obigen Ausführungen möchte ich deutlich machen, dass ich gesundheitliche und vollwertige Aspekte bei der Zusammenstellung der Rezepte so weit wie möglich beachtet habe.

Weltweit ist eine sehr ähnliche Struktur der Zusammensetzung traditioneller Mahlzeiten zu erkennen, nämlich Getreide, Gemüse (oft Wurzelgemüse und Blattgemüse), Hülsenfrüchte und eine kleine Menge Fermentiertes sowie etwas Rohkost. Ich biete in meinem Buch für jedes Land jeweils mindestens eine Zubereitung aus den Kategorien Getreidegericht, vorwiegend eiweißhaltiges Gericht, Gemüsegericht, salatähnliche Zubereitung oder Rohkost sowie Dessert. Somit bietet mein Buch die Möglichkeit, für jedes Land aus den angebotenen Rezepten

ein Menü im Sinne einer vollwertigen Mahlzeit zusammenzustellen. Ist in einem Menü jeweils ein Gericht aus den ersten vier oder allen fünf Kategorien enthalten, ist gewährleistet, dass die fünf Geschmacksrichtungen (Süß, Sauer, Salzig, Bitter, Scharf) abgedeckt sind und dass – als weiterer Aspekt der Ausgewogenheit – verschiedene Zubereitungsarten angewandt werden.

Schließlich war für die Auswahl der Rezepte maßgebend, dass die Zutaten hierzulande erhältlich sind und dass sich die Gerichte in einer typischen mitteleuropäischen Küche ohne allzu große Probleme kochen lassen. Auf den ersten Blick ungewöhnliche Zutaten sind in Naturkostläden und in Spezialitätengeschäften aus der jeweiligen Region zu beziehen.

Doch nun genug von all der Theorie! Das Nachkochen der Gerichte soll Spaß machen, keinen Stress! Deshalb sind alle Rezepte so gestaltet, dass sie nicht exakter Wissenschaft, sondern eher künstlerischer Freiheit Raum geben, was hoffentlich sowohl geübten Hobbyköchen wie auch Kochanfängern eine gute Basis gibt.

Ich wünsche Ihnen viel Spaß beim Ausprobieren der Rezepte, ein gutes Gelingen und vor allem guten Appetit!

Anmerkungen zu den Rezepten

Die **Mengenangaben** beziehen sich in der Regel auf **4 Personen,** allerdings gebe ich nur »etwa-Angaben«, insbesondere bei Gewürzen, da die zu verwendende Menge vom persönlichen Geschmack und von den Produkten sowie vom Kochgerät und natürlich von der Energie der Köchin oder des Kochs abhängt.

In den Zutatenlisten wird oft das Maß **»Tasse«** verwendet. Dabei handelt es sich um eine Tasse, die ein Volumen von **200 Millilitern** fasst.

Weite **Abkürzungen:**
TL = Teelöffel
EL = Esslöffel

Die angegebenen **Mengen** und **Maße** verstehen sich als **Richtlinien.** Egal, ob es sich um »1 Tasse« oder um »¼ TL« handelt – es sind immer ungefähre, keine exakten Angaben. Ich verstehe sie als »virtuelle Raummaße«, die das Abschätzen der Menge erleichtern sollen. Das beginnt schon beim Einkauf. So wird zum Beispiel Gemüse meist als lose Ware angeboten. Indem ich mir das Volumen einer Tasse vorstelle, schätze ich die benötigte Menge ab. Das hilft mir insbesondere dann, wenn ich für eine wechselnde Anzahl von Menschen koche und so einfach »hochrechnen« kann.

Bei einigen **Gewürzen,** zum Beispiel Chilipulver, die der eine mehr, der andere weniger liebt, gebe ich das individuelle Maß **»Prise«** an. Wenn es etwas genauer sein soll, schreibe ich **»¼ TL«** oder **»⅛ TL«.**

Da nicht immer eine Waage und ein detaillierter Messbecher zur Hand sind, hat sich dieses System für mich sehr bewährt, und ich hoffe, dass es auch für Sie, liebe Köchin, lieber Koch, so sein wird. Generell möchte ich nochmals betonen, dass es sich bei allen Angaben um Vorschläge handelt, die dem individuellen Geschmack und Hunger angepasst werden sollten.

Die angegebenen **Backtemperaturen** und Backzeiten beziehen sich auf einen einfachen **Gasbackofen** sowie einen **Elektrobackofen mit Umluftfunktion,** die in der Regel nicht oder nur kurz vorgeheizt werden müssen. Selbstverständlich gelingen die Gerichte auch mit einem Elektroofen und Ober- und Unterhitze. Richten Sie sich nach Ihrem Backofen und den Angaben des Herstellers Ihres Ofens.

In einigen Rezepten wird **»Gemüsebrühe«** als Zutat aufgeführt. Damit ist Kochwasser oder Blanchierwasser von Gemüse gemeint. Steht dieses nicht zur Verfügung, lässt sich eine Gemüsebrühe schnell herstellen, indem man zum Beispiel Lauch, Sellerie, Karotten und Zwiebeln einige Minuten kocht und absiebt.

Gläser, die mit Gemüse zum **Fermentieren** gefüllt werden, müssen vor dem Befüllen **sterilisiert** werden, zum Beispiel indem sie einige Minuten ausgekocht werden. Die richtige Salzkonzentration der Sole kann festgestellt werden, indem man eine geschätzte Salzmenge mit der erforderlichen Wassermenge zum Kochen bringt und eine geschälte rohe Kartoffel hineingibt. Falls die Kartoffel an der Oberfläche schwimmt, langsam so viel Wasser zugeben, bis sie anfängt zu sinken. Sollte die Kartoffel schnell hinunterplumpsen, muss die Wassermenge durch schnelles Kochen reduziert werden, bis die Kartoffel wieder zu steigen beginnt. Dann die Kartoffel sofort herausnehmen.

Beim **Kochen von Hülsenfrüchten** empfehle ich für gute Bekömmlichkeit und schmackhafte Ergebnisse so weit wie möglich die traditionelle Zubereitung zu befolgen. Diese beinhaltet meist ein Einweichen über Nacht und eine lange Garzeit.

Allgemein sollten Hülsenfrüchte sehr weich und sämig gegart sein, damit sie bekömmlicher werden. Auch der Geschmack profitiert davon. Salz wird erst dazugegeben, wenn die Samen weich sind – vorher nicht!

Ich empfehle dieses **Grundrezept** zum Kochen von **Hülsenfrüchten:**

1. Alle Hülsenfrüchte – neben ganzen Samen von Bohnen, Erbsen und Kichererbsen auch Linsen sowie geschälte oder halbierte Hülsenfrüchte – über Nacht, das heißt mehrere Stunden, in Wasser einweichen.

2. Einweichwasser abgießen, Hülsenfrüchte spülen und mit frischem Wasser bedeckt aufkochen. Nach einigen Minuten abschütten, erneut mit kaltem Wasser spülen und zum Kochen mit so viel frischem Wasser aufsetzen, dass sie gerade bedeckt sind.

3. Auch aufgrund der meist langen Garzeiten empfehle ich die Zubereitung im Dampfdrucktopf. Die Rezepte geben auch die Garzeit im normalen Kochtopf an. Letzteres erfordert meist mehr Flüssigkeit und unterliegt einer größeren Schwankungsbreite hinsichtlich der erforderlichen Garzeit. Weil die Garzeit von verschiedenen Faktoren, wie Herdart, Topf, Kochtemperatur sowie Sorte, Herkunft, Alter oder Trocknungsverfahren der Hülsenfrüchte, und nicht zuletzt vom persönlichen Geschmack abhängt, empfehle ich, das Gargut – insbesondere bei Verwendung eines normalen Kochtopfes – ab und an zu prüfen, bis die gewünschte Konsistenz erreicht ist.

In einigen Rezepten wird traditionell **Alkohol** verwendet. So weit wie möglich gebe ich alkoholfreie Alternativen an. Aber auch einfaches Weglassen ist eine Möglichkeit und natürlich sind Ihrer Fantasie keine Grenzen gesetzt.

Wer das Aroma, nicht aber unbedingt die volle Schärfe von **Chilis** liebt, entfernt am besten das Kerngehäuse.

Zur **Haltbarkeit** der **eingelegten, fermentierten Gemüse** lassen sich keine genauen Angaben machen. Sie ist abhängig von individuellen, nicht berechenbaren Faktoren. Allgemein kann man sagen, dass die Zubereitung solange genießbar ist, wie sich kein Schimmel bildet. Die Fermentation kann auch im Kühlschrank voranschreiten und es kann sich eine alkoholhaltige Zubereitung entwickeln. Das ist nicht weiter schlimm, verändert aber den Geschmack. Außerdem kann es vorkommen, dass die Zubereitung »umkippt« und sehr essigähnlich sauer wird und dadurch nicht mehr genießbar ist.

Zeichenerklärung

Als Hilfe zur Zusammenstellung einer
kompletten Mahlzeit sind fast alle
Rezepte in diesem Buch mit einem
Symbol gekennzeichnet.

Die Symbole bedeuten Folgendes:

➤ Getreidegerichte sind durch eine
Getreideähre gekennzeichnet,
➤ vorwiegend eiweißhaltige Gerichte
durch eine **Bohnenschote,**
➤ Gemüsegerichte durch eine **Rübe,**
➤ salatähnliche Zubereitungen oder
Rohkost durch eine **Karotte** und
➤ Desserts durch ein **Melonenstück.**

 Getreidegericht

 vorwiegend eiweißhaltiges
Gericht

 Gemüsegericht

 salatähnliche Zubereitung,
Rohkost oder Fermentiertes

 Dessert

Afrika

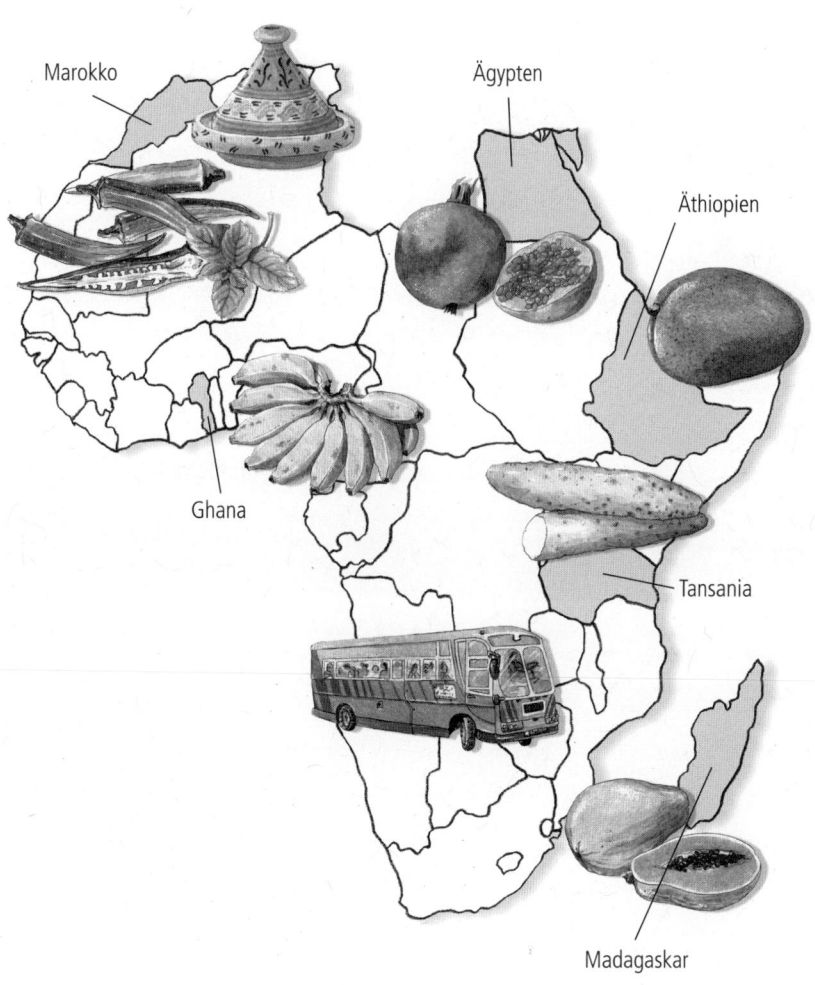

Marokko

Ägypten

Äthiopien

Ghana

Tansania

Madagaskar

Marokko

Couscous

2 Tassen Vollkorn-Couscous
6 Tassen Wasser
etwa 1 EL Weizenmehl
2 Prisen Salz
etwa 1 EL Olivenöl

➤ Couscous in eine große Schüssel geben und mit Wasser übergießen. Mit der Hand schnell umrühren, sofort abgießen und 15 Minuten quellen lassen. Zwischen nassen Händen den Couscous leicht reiben und in die Schüssel zurückkrieseln lassen. Nun mit gespreizten Fingern aufschütteln.

➤ Ein Baumwolltuch anfeuchten, mit Mehl bestäuben und der Länge nach zusammendrehen. Ein Dämpfsieb oder ein Sieb, das nur am Boden gelocht ist, auf einen passenden, mit kochendem Wasser gefüllten Topf setzen und den Übergang der beiden Gefäße gut mit dem Tuch abdichten.

➤ Das Sieb mit einem dünnen Baumwolltuch auslegen und langsam etwa ein Viertel des Couscous einrieseln lassen. Das Ganze 5 Minuten unbedeckt dämpfen, dann den restlichen Couscous zugeben und 20 weitere Minuten dämpfen.

➤ Couscous in eine große, flache Form füllen und mit einem Holzlöffel ausbreiten. Mit einer Tasse kaltem Wasser besprenkeln und Salz überstreuen. Den Couscous vorsichtig rühren und aufschütteln, um etwaige Klümpchen abzubrechen. Zwischen geölten Händen den Couscous nochmals leicht reiben und zurückkrieseln lassen, dann nochmals ausbreiten und 10 Minuten trocknen lassen.

➤ Couscous in das Sieb zurückgeben und nochmals 20 Minuten dämpfen.

Variante: Statt über Wasser kann Couscous auch über dem Kichererbsen-Gemüse-Topf gedämpft werden (siehe Rezept nächste Seite).

Beim Schlendern durch einen marokkanischen Markt kamen wir mit einem Teppichhändler ins Gespräch. Er lud uns zu Minzetee in seinen Laden ein und erzählte uns dabei – auf Teppichen sitzend – über die faszinierende Welt der Teppiche. Dabei zeigte er uns stolz so manches alte Prunkstück. Leider hatte der nette Teenachmittag auch eine bissige Seite: Wanzen in den Teppichen ...

Kichererbsen-Gemüse-Topf

1 Tasse getrocknete Kichererbsen
Wasser zum Einweichen und Garen
    der Kichererbsen
4 EL Olivenöl
4 Zwiebeln,
    geschält und mittelfein gehackt
1 TL Kreuzkümmel, gemahlen,
    oder Kreuzkümmelsamen
2 Gewürznelken
¼ TL Muskatnuss, gerieben
¼ TL schwarzer Pfeffer, gemahlen
2 Knoblauchzehen,
    geschält und fein gehackt
1 cm Ingwerwurzel,
    geschält und fein gehackt
1 TL Safranfäden,
    in etwas warmem Wasser aufgelöst
½ Zimtstange
2 grüne Kardamomkapseln
½ TL Salz
1 Tasse Kürbis (feste Sorte),
    geschält, entkernt und in etwa
    4 cm große Stücke geschnitten
1 Tasse Karotten,
    längs halbiert und in etwa 8 cm
    lange und 2 cm breite Stücke
    geschnitten
1 Tasse grüne Bohnen,
    in etwa 6 cm lange Stücke
    geschnitten (etwa 100 g)
1 Tasse Zucchini,
    längs halbiert und in etwa 8 cm
    lange und 2 cm breite Stücke
    geschnitten
eventuell etwas heißes Wasser

➤ Kichererbsen nach dem Grundrezept (siehe Seite 11) 60 – 90 Minuten im Dampfdrucktopf oder 2 – 5 Stunden im normalen Topf garen.

➤ Öl in einem großen Topf erhitzen und darin Zwiebeln, Kreuzkümmel, Nelken, Muskat und Pfeffer unter ständigem Rühren sautieren, bis die Zwiebeln eine goldbraune Farbe annehmen. Knoblauch zugeben und kurz unter Rühren mitsautieren, bis er duftet.

➤ Kichererbsen mit Kochwasser, Ingwer, Safran, Zimtstange, den geöffneten Kardamomkapseln und Salz einrühren und bedeckt 30 Minuten köcheln lassen. Kürbis zugeben, nach 10 – 15 Minuten (wenn der Kürbis weich wird) Karotten zugeben.

➤ Bohnen blanchieren, abgießen und nach 5 – 10 weiteren Minuten mit den Zucchini zum Kürbis geben. Bedeckt unter gelegentlichem Rühren 10 – 15 Minuten köcheln lassen, bis das Gemüse weich ist. Zwischendurch die Flüssigkeitsmenge kontrollieren. Bei Bedarf etwas Wasser hinzufügen, sodass eine sämige Sauce entsteht.

Variante: Auch andere Gemüsearten wie Weiße Rübchen, Weißkohl oder Rettich können für dieses Gericht verwendet werden. Wer mag, kann auch in Olivenöl langsam goldbraun geröstete Zwiebelhalbmonde, die mit Salz und fettlos geröstetem und gemahlenem Kreuzkümmel gewürzt sind, zum Gemüsetopf servieren.

Rote-Bete-Kartoffel-Gemüse

4 große Rote Beten
4 Kartoffeln
4 Tomaten,
  enthäutet und gewürfelt
½ Gemüsezwiebel,
  geschält und fein gehackt
2 Knoblauchzehen,
  geschält und fein gehackt
4 EL glatte Petersilie, fein gehackt
4 EL Korianderblätter, fein gehackt
2 – 3 EL Zitronensaft, frisch gepresst
8 EL Olivenöl
einige Prisen Chilipulver
¼ TL Salz
1 Prise schwarzer Pfeffer, gemahlen
einige getrocknete schwarze Oliven

➤ Die Roten Beten etwa 60 Minuten, die Kartoffeln 20 – 30 Minuten weich kochen, schälen und in etwa 1 cm große Würfel schneiden.
➤ Die Roten Beten mit Tomaten, Zwiebel, Knoblauch, Petersilie und Koriander mischen.
➤ Aus Zitronensaft, Olivenöl, Chilipulver, Salz und Pfeffer ein Dressing rühren, die Hälfte davon gut in die Rote-Bete-Mischung einrühren und etwa 30 Minuten an einem kühlen Ort ziehen lassen. Das restliche Dressing mit den Kartoffeln mischen, ebenfalls kühl stellen und ziehen lassen.
➤ Dann auf einem großen Teller in der Mitte die Rote-Bete-Mischung arrangieren und die Kartoffeln ringförmig um die Rote Bete legen.
➤ Vor dem Servieren mit den Oliven garnieren.

Gegrilltes Paprika-Tomaten-Gericht

2 rote Paprikaschoten
2 grüne Paprikaschoten
4 große Fleischtomaten
etwa 1 EL Olivenöl
2 Knoblauchzehen,
  geschält und fein gehackt
¼ TL Salz
einige Prisen Chilipulver
einige Prisen Kreuzkümmelsamen
1 Prise schwarzer Pfeffer, gemahlen
1 Bund Petersilie, fein gehackt
1 eingelegte Zitrone (siehe Seite 20)

➤ Paprikaschoten und Tomaten leicht mit Öl einpinseln und möglichst auf Holzkohle langsam etwa 30 Minuten – unter mehrmaligem Umdrehen – grillen, bis sie weich sind, die Häute Blasen werfen und braun sind. Etwas abkühlen lassen, schälen, entkernen und das Fleisch in breite Streifen schneiden.
➤ Knoblauch, Salz, Gewürze und Petersilie vorsichtig einmischen und bedeckt an einem kühlen Ort einige Stunden ziehen lassen. Vor dem Servieren etwaige Flüssigkeit abgießen.
➤ Die Schale der eingelegten Zitrone in dünne Streifen schneiden und das Ganze damit garnieren.

Kürbis-Okra-Gemüse

2 EL Olivenöl
1 Zwiebel,
  geschält und grob gehackt
1 frische rote Chilischote
200 ml Gemüsebrühe oder Wasser
einige Prisen frischer Thymian,
  fein gehackt
einige Prisen Safran, gemahlen
¼ TL Salz
4 Tassen Kürbis (feste Sorte),
  geschält, entkernt und in etwa
  5 cm große Stücke geschnitten
250 g Okra, entstielt

➤ Öl in einem großen, tiefen Topf erhitzen und die Zwiebel darin glasig sautieren. Die unzerkleinerte Chilischote zugeben und unter Rühren kurz mitsautieren.
➤ Gemüsebrühe oder Wasser angießen, Gewürze und Salz einrühren und Kürbis zugeben. Bedeckt 10 – 15 Minuten köcheln lassen, bis der Kürbis halbweich ist.
➤ Okra zugeben und bedeckt 15 – 20 weitere Minuten köcheln lassen, bis das Gemüse weich und fast alle Flüssigkeit eingedickt ist.

Säuerlich scharfes grünes Blattgemüse

1 kleines Bund glatte Petersilie,
  klein geschnitten
1 kleines Bund Korianderblätter,
  klein geschnitten
4 Knoblauchzehen,
  geschält und gehackt
¼ TL Salz
4 EL Olivenöl
1 kg Portulak,
  ersatzweise Rucola
½ TL süßes Paprikapulver
einige Prisen Chilipulver
Saft einer Zitrone, frisch gepresst
einige getrocknete schwarze Oliven
1 eingelegte Zitrone (siehe Seite 20)

➤ Petersilie und Koriander mit Knoblauch und Salz im Mörser zu einer Paste zerreiben. Öl in einer großen Pfanne erhitzen und die Paste darin vorsichtig unter ständigem Rühren 2 – 3 Minuten sautieren, ohne sie anbrennen zu lassen.
➤ Portulakblätter zugeben und langsam mitsautieren, bis alle Flüssigkeit verdunstet ist. Nun die Blätter klein hacken. Paprika und Chilipulver gut einmischen, abkühlen lassen.
➤ Vor dem Servieren nach Belieben Zitronensaft übersprenkeln und mit Oliven garnieren.
➤ Die Schale der eingelegten Zitrone in sehr feine Streifen schneiden und das Ganze damit garnieren.

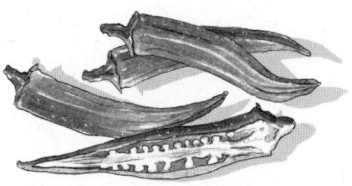

Eingelegte Zitronen

6 unbehandelte Zitronen
etwa 3 EL Salz
6 Koriandersamen
4 Körner Schwarzer Pfeffer
1 Lorbeerblatt
eventuell etwas Zitronensaft,
frisch gepresst

➤ Zitronen 3 Tage in lauwarmem
Wasser einweichen, Wasser täglich
wechseln.
➤ Dann die Zitronen längs vierteln,
aber nicht ganz durchschneiden,
sondern nur bis auf etwa 1 cm, sodass
die Viertel noch verbunden bleiben.
➤ Das Innere der Zitronen gut mit
Salz einreiben und die Früchte wieder
zusammendrücken. In ein Glas 1 EL
Salz geben, dann die Zitronen einschichten, dabei auf jede Schicht Salz
und die Gewürze sprenkeln. Die Zitronen drücken, sodass sie Saft abgeben,
bis sie davon bedeckt sind. Eventuell
mit etwas Zitronensaft auffüllen. Etwa
1 cm unterhalb des Glasrandes freilassen und das Glas fest verschließen.
➤ 30 Tage an einem warmen Ort
stehen lassen und täglich schütteln.
➤ Vor dem Servieren die Zitronen gut
abwaschen und das Innere entfernen.

Scharfe Paste

1 Tasse frische rote Chilischoten,
sehr fein gehackt
4 Knoblauchzehen,
geschält und sehr fein gehackt
3 – 4 EL Olivenöl
2 ½ TL Kümmel, gemahlen
2 ½ TL Koriander, gemahlen
2 ½ TL Kreuzkümmel, gemahlen
½ TL Salz

➤ Chilischoten und Knoblauchzehen
im Mörser nicht zu fein zerreiben und
mit den restlichen Zutaten gut vermischen.
➤ Diese Paste wird traditionell zu
allen Gerichten serviert.

Variante: Wer es nicht so scharf mag,
kann nur 1 Chilischote verwenden und
den Rest der Menge durch rote Paprikaschoten ersetzen.

Süßer Karottensalat

Saft einer Orange, frisch gepresst
Saft einer Zitrone, frisch gepresst
1 – 2 EL Orangenblütenwasser
1 Prise Salz
1 Prise schwarzer Pfeffer, gemahlen
8 Karotten,
  in feine Stäbchen geschnitten

➤ Orangensaft und Zitronensaft mit Orangenblütenwasser, Salz und Pfeffer zu einem Dressing rühren und gut in die Karotten einmischen.

Pfirsichdessert

4 Pfirsiche,
  entsteint und in etwa 5 mm
  dicke Spalten geschnitten
3 EL beliebiges Süßungsmittel
3 TL Rosenwasser
einige Blätter Minze

➤ Pfirsiche auf einem Teller schön anrichten. Süßungsmittel mit Rosenwasser verrühren und über die Pfirsiche geben. Etwa 2 Stunden bedeckt an einem kühlen Ort ziehen lassen.
➤ Vor dem Servieren mit Minzeblättern garnieren.

Variante: Rosenwasser durch Orangenblütenwasser ersetzen. Zu diesem Dessert kann auch veganer Joghurt serviert werden.

21

Ägypten

Knusprige Fladen

500 g Einkornvollkornmehl,
ersatzweise Kamutvollkornmehl
etwa 200 ml lauwarmes Wasser
Vollkornmehl für das Backblech

➤ Mehl mit so viel Wasser mischen, dass ein fester Teig entsteht. Diesen gut kneten und 30 – 60 Minuten ruhen lassen.
➤ Teig in acht Stücke teilen und in etwa 3 mm dünne Scheiben von 20 – 25 cm Durchmesser ausrollen.
➤ Auf ein mit Mehl bestäubtes Backblech legen und im Backofen bei 200 °C 10 – 12 Minuten backen.
➤ In einem Tongefäß mit Deckel oder in einer Blechdose sind die Fladen monatelang haltbar.

Variante: Für den baldigen Verbrauch werden statt der knusprigen Fladen oft gesäuerte Fladen bevorzugt (siehe folgendes Rezept).

Gesäuerte Fladen

525 g Einkornvollkornmehl,
ersatzweise Kamutvollkornmehl
etwa ½ EL Erdnussöl
knapp 600 ml lauwarmes Wasser
Vollkornmehl zum Bestäuben
Erdnussöl zum Arbeiten
¼ TL Salz
etwa 2 EL gelber Sesam, ungeschält

➤ 125 g Mehl in eine Schüssel sieben, Öl und 100 – 150 ml lauwarmes Wasser einrühren, sodass ein glatter Teig entsteht. 1 – 2 EL Wasser einkneten und 10 – 15 Minuten weiterkneten, bis der Teig glänzend und elastisch ist.
➤ Einen Ball formen, mit etwas Mehl bestäuben und in eine leicht geölte Schüssel legen. Bedeckt an einem warmen Ort 12 – 24 Stunden aufgehen lassen, bis der Teig sein Volumen verdoppelt hat.
➤ Das restliche Mehl und das Salz in eine Schüssel sieben, den gesäuerten Teig zugeben und nach und nach knapp 400 ml lauwarmes Wasser einmischen, bis ein glatter, elastischer Teig entstanden ist. Den Teig gut schlagen und anschließend 10 – 20 Minuten kneten, bis er fest ist und nicht mehr an der Schüsselwand klebt.
➤ Den Teig in drei gleich große Stücke teilen. Mit eingeölten Händen Bällchen formen, diese mit etwas Mehl bestäuben und flach drücken, sodass etwa 5 cm dicke Fladen mit einem Durchmesser von etwa 13 cm entstehen.
➤ Fladen auf ein mit Mehl bestäubtes Backblech legen, mit einem Tuch bedecken und an einem warmen Ort aufgehen lassen, bis sie auf Fingerdruck zurückspringen. Mit einer Gabel einige Male einstechen und mit Sesam bestreuen.
➤ Im Backofen bei 200 °C etwa 50 Minuten backen, bis sie eine goldene Farbe angenommen haben und knusprig sind.

Gebackene Bohnen

2 Tassen getrocknete braune
Favabohnenkerne
4 Tassen Wasser
4 Knoblauchzehen, geschält
¼ TL Salz
4 EL Olivenöl
½ unbehandelte Zitrone,
in Spalten geschnitten

➤ Bohnen nach dem Grundrezept
(siehe Seite 11) in Wasser einweichen
und blanchieren. Mit dem Wasser
in eine feuerfeste Form geben und
bedeckt im Backofen bei 150 °C mindestens 4, maximal 7 Stunden garen,
bis die Bohnen weich sind und das
Wasser absorbiert ist.
➤ Knoblauch mit Salz zerreiben, mit
dem Öl mischen und über die Bohnen
geben.
➤ Dieses Gericht wird traditionell
warm zum Frühstück oder später am
Tag kalt mit Zitronenspalten serviert.

Serviertipp: Tahin, mit Wasser zu einer
dünnen Sauce verrührt, schmeckt
ebenfalls lecker zu diesem Gericht.

Sonniger Gemüsetopf

4 Tassen Okra, entstielt
8 EL Olivenöl
5 Zwiebeln, geschält und fein gehackt
4 Knoblauchzehen,
geschält fein gehackt
1 EL Koriander, gemahlen
5 Eiertomaten,
enthäutet und sehr fein gehackt
oder püriert
½ TL Salz
1 Prise schwarzer Pfeffer, gemahlen
etwa 200 ml Wasser
2 Kartoffeln,
in etwa 3 cm große
Würfel geschnitten
2 große Karotten,
in etwa 3 cm große
Stücke geschnitten
1 EL Zitronensaft, frisch gepresst
1 EL Korianderblätter, fein gehackt

➤ Okra in 3 EL Öl etwa 5 Minuten
leicht sautieren.
➤ Das restliche Öl in einem großen
Topf erhitzen und Zwiebeln darin
unter Rühren glasig sautieren, dann
Knoblauch und Koriander zugeben
und unter Rühren etwa 1 Minute mitsautieren. Tomaten, Salz und Pfeffer
einrühren und bedeckt etwa 30 Minuten köcheln lassen.
➤ Das Wasser und die Kartoffeln
zugeben und 15 – 20 Minuten bedeckt köcheln lassen, bis die Kartoffeln
halbweich sind. Karotten und nach 5 –
15 weiteren Minuten Okra zugeben.
5 – 10 Minuten bedeckt köcheln
lassen, bis das Gemüse weich ist.
➤ Mit Zitronensaft und den Korianderblättern abschmecken.

Gefülltes Gemüse

1 ½ Tassen Vollkorn-Langkornreis
3 Tassen Wasser
Salz
2 Tomaten,
  enthäutet und püriert
1 Bund Minze, fein gehackt
4 kleine hellgrüne Paprikaschoten
4 sehr kleine Auberginen
4 kleine, nicht zu dünne Zucchini
6 EL Olivenöl
etwas Wasser
1 EL Zitronensaft, frisch gepresst

➤ Den Reis mit dem Wasser aufsetzen und zum Kochen bringen. 1 Prise Salz einstreuen und bedeckt etwa 60 Minuten garen, bis die Reiskörner weich und aufgeplatzt sind. Gut abkühlen lassen.
➤ Reis mit Tomaten, Minze und ¼ TL Salz vermischen. Paprikaschoten, Auberginen und Zucchini aushöhlen und die Reismischung einfüllen.
➤ Öl in einem großen, flachen Topf leicht erhitzen und das gefüllte Gemüse darin vorsichtig leicht anbraten.
➤ Etwas·Wasser und den Zitronensaft zugeben und bei geringer Hitze 20 – 30 Minuten bedeckt schmoren lassen, bis das Gemüse weich ist.

Würziger Tomatenspinat

500 g Spinat,
  in dünne Steifen geschnitten
400 ml Wasser
5 Eiertomaten,
  enthäutet und sehr fein gehackt
  oder püriert
¼ TL Salz
6 Zwiebeln, geschält
6 Knoblauchzehen, geschält
7 Lorbeerblätter
7 grüne Kardamomkapseln,
  zerquetscht
3 TL Koriander, gemahlen
4 EL Olivenöl

➤ Spinat 1 Sekunde blanchieren.
➤ Das Wasser zum Kochen bringen, Tomaten und Salz zugeben und etwa 30 Minuten bedeckt köcheln lassen. 4 Zwiebeln hacken und mit 4 ganzen Knoblauchzehen sowie den Gewürze zugeben und etwa 1 Minute köcheln lassen. Spinat einrühren und einmal aufkochen.
➤ Öl in einer Pfanne erhitzen. Die restlichen Zwiebeln und den restlichen Knoblauch in lange Streifen schneiden und im Öl unter Rühren etwa 5 Minuten braun und knusprig braten. Vor dem Servieren über den Spinat geben.

Karottendip

500 g Karotten
3 Knoblauchzehen,
  geschält und zerrieben oder durch
  die Knoblauchpresse gegeben
2 EL Zitronensaft, frisch gepresst
4 EL Olivenöl
2 TL Kreuzkümmel, gemahlen
½ TL Chilipulver
½ TL Salz
1 EL glatte Petersilie, grob gehackt

➤ Karotten 10 – 20 Minuten weich kochen, abgießen und mit einer Gabel zerdrücken oder in der Küchenmaschine nicht zu fein pürieren.
➤ Die restlichen Zutaten bis auf die Petersilie einrühren und gut mischen.
➤ Mit Petersilie garnieren und zu Brot servieren.

Auberginen-Tahin-Mus

3 Auberginen
etwa 2 EL Olivenöl
1 ½ EL Tahin
2 Knoblauchzehen,
  geschält und fein gehackt
2 – 4 EL Zitronensaft, frisch gepresst
½ TL Kreuzkümmel, gemahlen
½ TL Salz

➤ Auberginen einölen und auf Holzkohle grillen oder im Backofen bei 200 °C 45 – 60 Minuten backen, bis sie sehr weich sind und zusammenfallen.
➤ Die etwas abgekühlten Auberginen schälen und mit allen übrigen Zutaten in der Küchenmaschine fein pürieren.
➤ Dieses Mus wird traditionell zu allen Speisen mit Brot gereicht.

Petersiliensalat

2 – 4 EL feiner Bulgur
warmes Wasser
1 Zwiebel,
  geschält und sehr fein gehackt
1 Tomate, sehr fein gehackt
4 große Bunde glatte Petersilie,
  sehr fein gehackt
Saft von ein bis zwei Zitronen,
  frisch gepresst
¼ TL Salz
2 EL Olivenöl

➤ Den Bulgur 30 – 60 Minuten in warmem Wasser einweichen, dann abschütten. Mit den übrigen Zutaten gut mischen.

Eingelegte rosa Wurzeln

1 kg Teltower Rübchen
  (Mairübchen, Navets)
1 Rote Bete, geschält
1 Knoblauchzehe, geschält
4 EL Salz
300 ml Weißweinessig
900 ml Wasser

➤ Wurzeln in etwa 3 × 5 cm große Stücke schneiden, in ein Glas schichten und die Knoblauchzehe zugeben.
➤ Salz in Essig und Wasser gut auflösen und über das Gemüse gießen, sodass dieses bedeckt ist.
➤ Glas fest verschließen und etwa 4 Wochen an einem nicht zu kühlen Ort fermentieren lassen.

Granatapfeldessert

8 Granatäpfel
4 – 6 EL beliebiges Süßungsmittel
Saft von 2 Limetten, frisch gepresst
2 EL Rosenwasser
eventuell 200 – 400 ml Wasser

➤ Das Innere der Granatäpfel durch
ein nicht zu feines Sieb streichen, mit
Süßungsmittel, Limettensaft, Rosen-
wasser und eventuell Wasser nach
Geschmack mischen und vor dem
Servieren einige Stunden kühl stellen.

Äthiopien

Fermentierter Fladen

250 g Tefmehl,
ersatzweise 125 g Hirsemehl
und 125 g Weizenvollkornmehl
500 ml Wasser
etwas kaltes Wasser
eventuell etwa 1 EL Erdnussöl

➤ Mehl in eine Schüssel sieben und mit dem Wasser sorgfältig mischen. Unbedeckt 2 – 3 Tage an einem warmen Ort sauer fermentieren lassen. Wasser, das sich an der Oberfläche absetzt, abschöpfen.
➤ Eine halbe Tasse Teig mit etwas kaltem Wasser verdünnen und vorsichtig unter ständigem Rühren bei mittlerer Hitze aufkochen, bis die Masse andickt, abkühlen lassen und mit etwas kaltem Wasser gut in den restlichen Teig einrühren. Den Teig bedeckt an einem warmen Ort aufgehen lassen. Er sollte die Konsistenz von Pfannkuchenteig haben.
➤ Eine Pfanne oder einen Crêpe-Bereiter leicht erhitzen und falls nötig, mit wenig Öl bepinseln. Den Teig kreisförmig von außen nach innen so dünn wie möglich in die Pfanne gießen, Deckel aufsetzen und bei geringer Hitze einige Minuten von einer Seite garen, nicht braun backen. Wenn der Rand des Fladens leicht anschwillt, ist der Fladen gar.

➤ Die Anzahl der Fladen, die sich aus der Rezeptmenge herstellen lässt, hängt von der Pfannengröße und der Fladendicke ab. Die Fladen werden meist kalt zu heißen Gerichten serviert.

Scharfe Linsen

2 Tassen halbierte rote Linsen
Wasser zum Garen der Linsen
2 EL Olivenöl
1 große Zwiebel,
geschält und mittelfein gehackt
2 TL scharfe Gewürzpaste
(siehe Seite 31)
2 Knoblauchzehen,
geschält und gerieben oder durch
die Knoblauchpresse gegeben
¼ TL Salz

➤ Die Linsen nach dem Grundrezept (siehe Seite 11) etwa 60 Minuten in einem normalen Topf garen.
➤ Öl in einem flachen Topf erhitzen und Zwiebel darin sautieren, bis sie eine goldene Farbe annimmt. Gewürzpaste und Knoblauch zugeben und unter Rühren etwa 2 Minuten mitsautieren.
➤ Etwas Linsen-Kochwasser angießen, Linsen und Salz einrühren. Vorsichtig zum Kochen bringen und einige Minuten unter Rühren köcheln lassen, sodass eine sämige Masse entsteht.

Würzige Jamswurzel-Fritters

1 kg Jamswurzel
1 kleine Zwiebel,
  geschält und sehr fein gehackt
1 TL Chilipulver
¼ TL Salz
eventuell etwas Reisvollkornmehl
etwa 1 l Erdnussöl zum Frittieren

➤ Jamswurzel schälen und fein reiben. Zwiebel, Chilipulver und Salz gut einmischen. Falls die Masse zu feucht ist, etwas Reismehl einrühren.
➤ Die Masse in kleinen Portionen im Erdnussöl frittieren, bis sie knusprig und golden sind.

Gelbes Erdnussgemüse

2 EL Erdnussöl
1 Zwiebel, geschält und gewürfelt
1 TL scharfe Gewürzpaste
  (siehe Seite 31)
3 EL Erdnussmus
600 ml Wasser
¼ TL Salz
1 frischer Maiskolben,
  in etwa 3 cm dicke
  Scheiben geschnitten
2 mittelreife Kochbananen,
  geschält und schräg in etwa
  3 cm große Stücke geschnitten
2 Tassen Kürbis (feste Sorte),
  geschält, entkernt und in etwa
  3 cm große Stücke geschnitten
1 Tomate,
  enthäutet und fein gewürfelt

➤ Öl in einem großen Topf erhitzen und die Zwiebel darin unter Rühren einige Minuten glasig sautieren. Gewürzpaste einige Minuten vorsichtig mitsautieren.
➤ Erdnussmus, Wasser und Salz sorgfältig einrühren und zum Kochen bringen. Mais, Kochbananen, Kürbis und Tomate zugeben und 20 – 30 Minuten bedeckt köcheln lassen, bis das Gemüse sehr weich ist.

Bunter Gemüsetopf

2 Kartoffeln
2 Tassen grüne Bohnen (etwa 200 g)
3 EL Olivenöl
3 Zwiebeln,
 geschält und geachtelt
3 Karotten,
 in etwa 4 cm große
 Stücke geschnitten
1 kleiner Kopf Weißkohl,
 in etwa 4 × 4 cm große
 Stücke geschnitten
4 frische grüne, milde Chilischoten,
 längs halbiert
¼ TL Kurkuma, gemahlen
¼ TL Salz
etwas Wasser

➤ Kartoffeln 15 – 25 Minuten halb-
weich kochen. Die grünen Bohnen
kurz blanchieren und abgießen.
➤ Öl in einem großen Topf erhitzen
und Zwiebeln darin glasig sautieren.
➤ Kartoffeln in etwa 4 cm große
Stücke schneiden. Zusammen mit
Karotten, Weißkohl, unzerkleinerten
Bohnen, Chilischoten, Kurkuma und
Salz zu den Zwiebeln geben und unter
Rühren etwa 5 Minuten bei geringer
Hitze sautieren.
➤ Etwas Wasser zugeben und bedeckt
unter gelegentlichem Rühren 25 –
35 Minuten köcheln lassen, bis das
Gemüse schön weich ist.

Scharfer Grünkohl

500 g Grünkohl
3 EL Olivenöl
2 kleine rote Zwiebeln,
 geschält und fein gehackt
1 Knoblauchzehe,
 geschält und zerdrückt
1 – 2 frische grüne Chilischoten,
 in feine Ringe geschnitten
100 – 200 ml Gemüsebrühe
 oder Wasser
1 cm Ingwerwurzel,
 geschält und gerieben
¼ TL Salz
1 Prise schwarzer Pfeffer, gemahlen

➤ Grünkohlblätter von den Stielen
entfernen und die Blätter fein hacken.
➤ Öl in einem großen, flachen Topf
erhitzen und Zwiebeln darin leicht
sautieren, bis sie eine goldene Farbe
annehmen. Knoblauch zugeben und
vorsichtig unter ständigem Rühren
einige Minuten mitsautieren.
➤ Chilischoten und Gemüsebrühe
oder Wasser zugeben und 2 Minuten
köcheln lassen.
➤ Grünkohlblätter, Ingwer, Salz und
Pfeffer einrühren und 10 – 20 Minuten bedeckt köcheln lassen, bis der
Kohl weich ist.

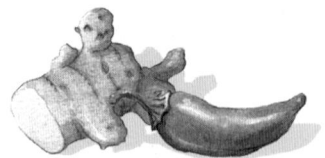

Scharfe Gewürzpaste

3 EL Zimt, gemahlen
2 EL Kardamomsamen
2 EL Gewürznelken, zerdrückt
1 Prise Salz
1 ½ Tassen frische grüne Chilischoten,
*   klein gehackt*
2 rote Zwiebeln,
*   geschält und klein gehackt*
1 Knoblauchzehe,
*   geschält und klein gehackt*
1 Bund Basilikum, klein gehackt
7 cm Ingwerwurzel,
*   geschält und gerieben*
1 EL Weinraute-Samen
*   (Gartenraute, rue seeds)*
3 EL Geißfußblätter (Gierschblätter),
*   klein geschnitten*
600 ml Wasser

➤ Zimt, Kardamom, Nelken und Salz in einer ungefetteten Pfanne leicht rösten und im Mörser fein zerreiben.
➤ Chilischoten, Zwiebeln, Knoblauch, Basilikum, Ingwer, Weinraute-Samen und Geißfußblätter zerstampfen, mit der Gewürzmischung verrühren und mit dem Wasser bedecken.
➤ 12 Stunden in der Sonne leicht fermentieren lassen, dann das Wasser abschütten und die Gewürzmischung auf einer großen Platte ausgebreitet trocknen lassen. In der Kaffeemühle oder Gewürzmühle fein mahlen.
➤ Diese Mischung ist in einem gut verschlossenen Glas im Kühlschrank mehrere Wochen haltbar.

Salat mit gegarten Kartoffeln

2 Kartoffeln
Saft von ein bis zwei Limetten oder
*   von einer Zitrone, frisch gepresst*
1 EL Erdnussöl
¼ TL Salz
einige Prisen Paprikapulver
einige Prisen Kreuzkümmelsamen
1 Prise schwarzer Pfeffer, gemahlen
1 Kopfsalat, zerpflückt
3 Tomaten,
*   in Scheiben geschnitten*
2 rote Zwiebeln,
*   geschält und in Ringe geschnitten*

➤ Kartoffeln 20 – 30 Minuten weich kochen, schälen, vierteln und einige Stunden in einem Dressing aus Limettensaft, Öl, Salz und Gewürzen ziehen lassen.
➤ Dann mit Salatblättern, Tomaten und Zwiebeln vorsichtig vermischen.

Gegarte Mangos in Kokosmilch

4 nicht überreife Mangos
400 ml dicke Kokosmilch
200 ml Wasser
2 EL Palmzucker
etwas warmes Wasser
½ TL Koriander, gemahlen
1 Prise Zimt, gemahlen

➤ Mangos schälen und das Fruchtfleisch in möglichst großen Streifen
vom Stein schneiden.
➤ Kokosmilch und Wasser vorsichtig
zum Kochen bringen, die Mango-
scheiben darin bedeckt etwa 10 Minuten köcheln lassen und dann auf
Portionstellern arrangieren.
➤ Palmzucker in etwas warmem Wasser auflösen, mit den Gewürzen zur
Sauce geben und unbedeckt köcheln
lassen, bis die Sauce leicht andickt.
Über die Mangos geben und gekühlt
servieren.

Ghana

Fermentierte Maisknödel

4 Tassen Mais, mittelfein gemahlen
lauwarmes Wasser
4 Prisen Salz
einige getrocknete Maishüllblätter

➤ Die Hälfte des Maismehls mit lauwarmem Wasser zu einem nicht zu dünnflüssigen Brei verrühren. Mindestens 3 Tage an einem warmen Ort sauer fermentieren lassen.
➤ Dann unter ständigem Rühren vorsichtig zum Kochen bringen und sehr leicht köcheln lassen. Ständig rühren, bis sich die Masse vom Topfrand löst und sich ein Kloß formt. Topf von der Feuerstelle nehmen.
➤ Den restlichen Mais mit frischem Wasser zu einem nicht zu dünnflüssigen Brei rühren und zusammen mit Salz sorgfältig in den Kloß einarbeiten.
➤ Aus dem Teig Bällchen mit jeweils einem Durchmesser von etwa 7 cm formen. Getrocknete Maishüllblätter leicht überlappend parallel nebeneinander rund um jedes Bällchen andrücken, auf beiden Seiten die Enden miteinander verzwirbeln und sie mit dem Finger tief in die Knödel hineinstecken.
➤ Knödel etwa 1 Stunde köcheln lassen oder dämpfen. Diese Knödel sind gekühlt mehrere Tage haltbar und können wieder aufgedämpft werden.

Palmnussmus-Topf

2 ½ Tassen möglichst frischer,
    lockerer Seitan guter Qualität
    (etwa 250 g)
2 EL unraffiniertes rotes Palmöl
2 Zwiebeln,
    geschält und in Halbmonde
    geschnitten
1 frische, rote oder gelbe,
    paprikaförmige Chilischote,
    klein gehackt (siehe Hinweis)
¼ TL Salz
500 ml Palmnussmus
    (Palmnut Cream Concentrate)
500 ml Wasser

➤ Mögliche Flüssigkeit aus dem Seitan ausdrücken und diesen in etwa 3 cm große Stücke schneiden.
➤ Öl in einem großen, flachen Topf erhitzen, Zwiebeln darin unter gelegentlichem Rühren sautieren, bis sie Blasen bilden (das zarte Zwiebelhäutchen bildet im Öl nach einiger Zeit Blasen).
➤ Dann Chilischote und nach einigen Minuten Seitan zugeben und das Ganze einige Minuten unter Rühren sautieren.
➤ Salz, Palmnussmus und Wasser zugeben. Unter gelegentlichem Rühren 20 – 30 Minuten leicht bedeckt köcheln lassen, bis die Sauce etwas eingedickt ist.

Hinweis: Die empfohlene afrikanische Chilisorte ist extrem scharf! Diese Sorte wird in Afrika südlich der Sahara häufig und viel genutzt. Die Schoten sind rot, gelb oder orange und sehen aus wie Mini-Gemüsepaprikaschoten. Sie werden dort »bell pepper« (englisch: Gemüsepaprika) genannt.

33

Gestampfte Kassawa mit Kochbanane

1 kg Kassawa,
  geschält und in große
  Stücke geschnitten
1 grüne, unreife Kochbanane,
  geschält und längs sowie
  quer halbiert
Salz

➤ Kassawa und Kochbanane mit Salz-wasser aufsetzen. Zum Kochen bringen und etwa 20 Minuten garen, bis sie weich sind. Kochwasser abgießen und auffangen.

➤ Kassawa und Kochbanane gut stampfen, bis eine glatte, homogene Masse entstanden ist. Eventuell etwas Kochwasser zugeben.

Gemüse in Erdnusssauce

2 EL unraffiniertes rotes Palmöl
1 große Zwiebel,
  geschält und gehackt
1 frische rote, paprikaförmige
  Chilischote, fein gehackt
  (siehe Hinweis Seite 31)
2 Eiertomaten,
  enthäutet und klein gewürfelt
2 Tassen Erdnussmus (crunchy)
Wasser
½ TL Salz
4 Tassen Okra, entstielt
6 – 8 Garden Eggs
  (paprikaförmige afrikanische
  Auberginen), je nach Größe
  geviertelt oder halbiert

➤ Öl in einem großen, flachen Topf erhitzen und Zwiebel darin sautieren, bis sie Blasen bildet (siehe Rezept auf Seite 33). Chilischote einige Minuten mitsautieren.

➤ Tomaten zugeben und nach einigen Minuten Erdnussmus, Salz und so viel Wasser zufügen, dass eine relativ dünne Sauce entsteht. Unter gelegent-lichem Rühren leicht bedeckt 20 – 30 Minuten leicht köcheln lassen, bis sich das Öl an der Oberfläche absetzt und die Sauce eine sämige Konsistenz bekommt.

➤ Okra und Auberginen zufügen und etwa 15 Minuten leicht bedeckt weich garen.

Gegarte Maiskolben

1 kleine Kokosnuss
4 frische Maiskolben,
möglichst mit Hüllblättern,
ungeschält
Salz

➤ Kokosnuss öffnen und das Kokos-nussfleisch herauslösen.
➤ Maiskolben 10 – 20 Minuten weich kochen oder dämpfen. Hüllblätter an den oberen Enden lösen und zum Stängel hinunterziehen, dort zusam-menknoten und die heißen Maiskolben in Salzwasser tauchen.
➤ Kokosnussfleisch in dünne Streifen schneiden, auf Eiswürfeln anrichten und zusammen mit den Maiskolben servieren.

Kassawablätter-gemüse

20 Kassawablätter oder Taroblätter,
ersatzweise Spinat
2 EL unraffiniertes rotes Palmöl
1 große Zwiebel,
geschält und gehackt
1 frische rote, paprikaförmige
Chilischote, fein gehackt
(siehe Hinweis Seite 33)
3 Eiertomaten,
enthäutet und klein gewürfelt
½ TL Salz

➤ Blätter 2 – 5 Minuten blanchieren, bis sie weich sind. Nach Belieben klein schneiden oder fein hacken.
➤ Öl in einem großen, flachen Topf erhitzen und Zwiebel darin einige Minuten unter gelegentlichem Rühren sautieren, bis sie Blasen bildet (siehe Rezept Seite 33). Chilischote einige Minuten mitsautieren.
➤ Tomate und Salz zugeben und unter gelegentlichem Rühren einige Minuten sautieren. Blätter untermischen und einige Minuten köcheln lassen.

In Ghana ist es traditionell üblich, ein lebendes Huhn als Gastgeschenk mitzubringen. Als ich einmal in einem wunderschönen grünen, gebirgigen Gebiet im Süden des Landes eingeladen wurde, wusste ich nicht, wo ich ein Huhn herbekommen sollte. Meinem Gastgeber erzählte ich in meiner Not, ich bräuchte ein Huhn für Verwandte eines Freundes, die ich später in der nahe-gelegenen Stadt besuchen wollte. Freundlicherweise ging er mit mir ein Huhn kaufen. Er suchte es aus und trug es auch zu sich nach Hause, wo ich ihm dann eröffnete, dass das Huhn als Gastgeschenk für ihn gedacht sei. Er war sehr höflich, tat überrascht, lachte und bedankte sich, obgleich allen klar war, dass er die Geschichte von Anfang an durchschaut hatte!

Chili-Tomaten-Paste

*1 Tasse frische rote, paprikaförmige
  Chilischoten, klein gehackt
  (siehe Hinweis Seite 33)
1 Tomate, klein gehackt
1 kleine Zwiebel,
  geschält und klein gehackt
1 EL Erdnussöl
¼ TL Salz*

➤ Chilischoten im Mörser fein zerkleinern. Tomate und Zwiebel zugeben
und ebenfalls fein zerreiben. Öl und
Salz einmischen.
➤ Diese Paste wird als Beigabe zu
vielen Mahlzeiten gereicht, vor allem
zu Maisknödeln.
➤ Vorsicht: höllisch scharf!

Melonenkernpaste

*1 Tasse getrocknete Melonenkerne,
  gemahlen (Egusi)
etwas Wasser
1 EL Erdnussöl
1 kleine Zwiebel,
  geschält und fein gehackt
1 Prise Salz*

➤ Melonenkernmehl mit etwas
Wasser zu einer Paste rühren.
➤ Öl in einem kleinen, flachen Topf
erhitzen und Zwiebel darin glasig
sautieren.
➤ Salz und Melonenkernpaste zugeben und unter gelegentlichem Rühren
etwa 20 Minuten vorsichtig leicht
bedeckt köcheln lassen.

Tipp: Das Kassawablättergemüse (siehe
Seite 35) mit Melonenkernpaste zuberei-
ten: Dabei die Paste vor den Blättern in
die Zwiebel-Tomaten-Mischung einrühren.
Etwas Gemüsebrühe oder Wasser zugeben
und 20 Minuten köcheln lassen. Dann
die Blätter zugeben und einige Minuten
weiterköcheln lassen.

Avocadosalat

2 Avocados,
  geschält und entkernt
2 EL Zitronensaft, frisch gepresst
2 EL Erdnüsse,
  geschält (in den Schalen geröstet,
  ersatzweise in Öl geröstet und
  gesalzen)
1 Prise Chilipulver
1 Prise Salz

➤ Avocadofleisch in etwa 1 cm große Würfel schneiden und mit Zitronensaft beträufeln.
➤ Erdnüsse in der Küchenmaschine grob mahlen, mit Chilipulver und Salz vermischen und über die Avocados geben.

Kokosnusspudding

2 Kokosnüsse
3 Tassen kochend heißes Wasser
etwa ½ Tasse Palmzucker
etwas warmes Wasser
1 Tasse Tapioka
Saft von 2 Limetten, frisch gepresst

➤ Kokosnüsse öffnen, das Kokosnussfleisch auslösen und fein reiben. (Falls getrocknete Kokosraspel verwendet werden, 4 Tassen davon mit so viel kochendem Wasser übergießen, dass sie gerade bedeckt sind, und über Nacht einweichen.)
➤ Kokosnussfleisch in der Küchenmaschine mit dem kochenden Wasser bei hoher Geschwindigkeit einige Minuten mixen.
➤ Die Masse in einem großen Topf zum Kochen bringen. Palmzucker in etwas warmem Wasser auflösen.
➤ Tapioka, Palmzucker und Limettensaft zur Kokosnuss geben. Unter ständigem Rühren vorsichtig etwa 5 Minuten köcheln lassen, bis die Masse andickt.
➤ Gekühlt servieren.

Tansania

Fermentierter Maisbrei

2 Tassen Mais, mittelfein gemahlen
lauwarmes Wasser

➤ Maismehl mit lauwarmem Wasser
zu einem mitteldünnen Brei verrühren und 2 – 3 Tage mit einem Tuch
bedeckt an einem warmen Ort leicht
fermentieren lassen.
➤ Den Brei unter ständigem Rühren
vorsichtig zum Kochen bringen und
sehr leicht köcheln lassen, bis sich die
Masse vom Topfrand löst und der Mais
gar gekocht ist.
➤ Topf bedecken, von der Feuerstelle
nehmen und den Brei vor dem Servieren einige Minuten quellen lassen.

Schwarzaugenbohnen

2 Tassen getrocknete
*   Schwarzaugenbohnenkerne*
Wasser zum Einweichen der Bohnen
2 Zwiebeln,
*   geschält und sehr fein gehackt*
3 Eiertomaten,
*   enthäutet und sehr fein gehackt*
2 – 4 frische rote, paprikaförmige
*   Chilischoten, fein gehackt*
*   und im Mörser zerrieben*
*   (siehe Hinweis Seite 33)*
¼ TL Salz
100 ml Wasser
150 ml unraffiniertes rotes Palmöl
einige Bananenblätter,
*   ersatzweise Baumwolltuch*

➤ Bohnen über Nacht in Wasser einweichen, Schalen abreiben und die
Bohnen erneut mit Wasser bedecken.
Die abgeriebenen Schalen schwimmen
dann an der Oberfläche und können
abgeschöpft werden. Den Vorgang
wiederholen, bis alle Bohnen geschält
sind.
➤ Bohnen eine weitere Nacht in
Wasser einweichen und dann in der
Küchenmaschine pürieren.
➤ Zwiebeln, Tomaten, Chilischoten
und Salz in das Bohnenpüree einmischen. Das Wasser in das Öl gießen
und diese Mischung gut in das Püree
einmischen. Nun möglichst viel Luft
in die Masse hineinschlagen.
➤ Je zwei Bananenblätterstreifen
kreuzförmig übereinanderlegen, in die
Mitte je etwa 2 EL Püree geben und
die Blätter wie einen Briefumschlag
schließen. In ein Dämpfsieb legen und
in etwa 1 Stunde über köchelndem
Wasser gar dämpfen.
➤ Mit scharfer Tomatensauce
(siehe Seite 40) servieren.

Variante: Weder Öl noch Tomaten in das
Püree geben. Stattdessen löffelweise
Portionen des Bohnenpürees in Erdnussöl
knusprig frittieren.

Gemüse in Kokosmilch

4 EL Erdnussöl oder Kokosöl
2 Zwiebeln, geschält und gewürfelt
1 frische rote, paprikaförmige
Chilischote, fein gehackt
(siehe Hinweis Seite 33)
400 ml Kokosmilch
¼ TL Salz
2 Tassen Süßkartoffeln,
in etwa 3 cm große
Würfel geschnitten
2 Tassen Kürbis (feste Sorte),
geschält, entkernt und in etwa
4 cm große Stücke geschnitten
4 reife Kochbananen,
geschält und längs sowie
quer halbiert

➤ Öl in einem großen, flachen Topf erhitzen und die Zwiebeln darin glasig sautieren. Chilischote kurz mitsautieren.

➤ Kokosmilch und Salz einrühren und zum Kochen bringen. Süßkartoffeln und Kürbis zugeben. Bedeckt 10 – 15 Minuten köcheln lassen, bis das Gemüse fast weich ist.

➤ Kochbananen zugeben und 10 – 15 weitere Minuten leicht bedeckt köcheln lassen, bis das Gemüse weich und die Sauce etwas eingedickt ist.

Gekochter Taro

4 Knollen Taro,
ersatzweise etwa 15 cm Kassawa
oder Yamswurzel
½ TL Salz

➤ Knollen schälen, in sehr große Stücke schneiden und in kaltem Salzwasser aufsetzen.

➤ Leicht bedeckt 20 – 30 Minuten köcheln lassen, bis die Knollen weich sind.

Kürbisblätter in Erdnusssauce

2 EL Erdnussöl
500 g Kürbisblätter
(möglichst nach der Kürbisernte
gepflückt), klein geschnitten
1 frische rote, paprikaförmige
Chilischote, fein gehackt
(siehe Hinweis Seite 33)
¼ TL Salz
1 Tasse Erdnussmus
Wasser

➤ Öl in einem großen, flachen Topf leicht erhitzen. Kürbisblätter und Chilischote darin einige Minuten sautieren, bis die Blätter weich sind.

➤ Salz, Erdnussmus und so viel Wasser einrühren, dass eine sämige Sauce entsteht. Kurz köcheln lassen.

Kochbananen in Tomaten-Kokos-Sauce

1 ½ Tassen möglichst frischer,
  lockerer Seitan guter Qualität,
  in etwa 3 cm große Würfel
  geschnitten (etwa 150 g)
etwas Wasser
1 Zwiebel, geschält und gewürfelt
1 – 2 frische rote, paprikaförmige
  Chilischoten, klein gehackt
  (siehe Hinweis Seite 33)
4 Eiertomaten,
  enthäutet und klein gehackt
1 ½ EL Kokoscreme
1 TL weißer Pfeffer, gemahlen
6 grüne, unreife Kochbananen,
  schräg in 1,5 – 2 cm dicke
  Scheiben geschnitten
eventuell ¼ TL Salz

➤ Seitan in einen großen, flachen Topf geben und mit etwas Wasser bedecken. Zwiebel und Chilischoten zugeben und einige Minuten bedeckt köcheln lassen.
➤ Tomaten, Kokoscreme und Pfeffer einrühren und zum Kochen bringen. Nun die Bananen zugeben und 25 – 35 Minuten leicht bedeckt köcheln lassen, bis die Bananen weich sind und die Sauce etwas angedickt ist. Eventuell mit etwas Salz abschmecken.

Scharfe Tomatensauce

6 Eiertomaten
2 Zwiebeln,
  geschält, eine davon in
  Halbmonde geschnitten
2 frische rote, paprikaförmige
  Chilischoten, klein gehackt
  und im Mörser zerrieben
  (siehe Hinweis Seite 33)
2 Prisen Koriander, gemahlen
2 Prisen getrockneter Thymian
½ TL Salz
2 EL Erdnussöl

➤ Tomaten mit der ganzen Zwiebel pürieren. Chilischoten, Gewürze und Salz einmischen.
➤ Öl in einem flachen Topf erhitzen und die Zwiebelhalbmonde darin glasig sautieren. Tomatenpüree in die Zwiebeln mischen und unter gelegentlichem Rühren etwa 30 Minuten bedeckt köcheln lassen.
➤ Diese Sauce passt gut zum Schwarzaugenbohnengericht (siehe Seite 38) oder zu frittierten Kochbananen.

Scharfer Salat

½ Salatgurke,
  in sehr feine Stäbchen geschnitten
2 Tomaten,
  in sehr feine Stücke geschnitten
1 Karotte,
  in sehr feine Stäbchen geschnitten
1 frische grüne Chilischote,
  in sehr feine Stäbchen geschnitten
2 rote Zwiebeln,
  geschält und in dünne
  Halbmonde geschnitten
Saft von 2 Limetten oder von
  einer Zitrone, frisch gepresst
¼ TL Salz
⅛ TL schwarzer Pfeffer, gemahlen

➤ Gurke, Tomaten, Karotte, Chilischote und Zwiebeln vermischen.
➤ Aus Limettensaft, Salz und Pfeffer ein Dressing rühren und gut in das Gemüse einmischen.

Bananen-Mais-Fritters

6 überreife Bananen, geschält
1 Tasse Mais, grob gemahlen
warmes Wasser
1 l Erdnussöl zum Frittieren
1 TL Ingwerwurzel,
  geschält und gerieben

➤ Bananen mit einer Gabel fein zerdrücken, Maismehl gut einmischen und etwas warmes Wasser einrühren, sodass eine leicht tropfende Masse entsteht – ähnlich wie ein Pfannkuchenteig. Einige Minuten ruhen lassen.
➤ Öl mit Ingwer erhitzen, mit einem Löffel kleine Portionen der Bananen-Mais-Masse hineingeben und frittieren, bis sie knusprig sind und eine goldene Farbe angenommen haben.

Madagaskar

Leichter rötlicher Reis

2 Tassen roter Reis aus Madagaskar,
  ersatzweise aus Sri Lanka
3 – 4 Tassen Wasser
2 Prisen Salz

➤ Den Reis sorgfältig nach Steinchen durchsuchen und gut waschen. Mit dem Wasser aufsetzen, zum Kochen bringen, salzen und 30 – 35 Minuten bedeckt garen, bis die Reiskörner aufgeplatzt sind und das Wasser absorbiert ist.
➤ Bei traditioneller Zubereitung über offenem Feuer ist der Reis am Topfboden meist leicht angebrannt. Steinchen, die eventuell übersehen wurden, haben sich ebenfalls am Topfboden abgesetzt, sodass der Reis vorsichtig aus dem Topf gelöffelt wird. Im Topf verbleibt eine etwa 5 mm dicke Schicht. Nun wird Wasser aufgegossen und das Ganze 15 – 20 Minuten gekocht, die Flüssigkeit durch ein Sieb gegossen und getrunken.

Bohnen in Kokossauce

1 ½ Tassen getrocknete weiße
  oder rote Bohnenkerne
Wasser zum Einweichen und Garen
  der Bohnen
2 EL Erdnussöl
2 Zwiebeln,
  geschält und fein gehackt
600 ml Kokosmilch
½ TL Salz
¼ TL schwarzer Pfeffer, gemahlen

➤ Die Bohnen nach dem Grundrezept (siehe Seite 11) 30 – 45 Minuten im Dampfdrucktopf oder 90 – 120 Minuten im normalen Topf garen. Eventuell übriges Kochwasser abgießen.
➤ Öl in einem Topf erhitzen und Zwiebeln darin leicht sautieren, bis sie eine goldene Farbe annehmen.
➤ Kokosmilch angießen, Bohnen zugeben und mit Salz und Pfeffer abschmecken. 15 – 20 Minuten unbedeckt köcheln lassen, bis die Sauce etwas eingedickt ist.

Gegrillte Kassawa

*etwa 15 cm Kassawa
   oder Jamswurzel
Salz*

➤ Kassawa oder Jamswurzel schälen,
in etwa 2,5 cm dicke Scheiben schneiden und diese halbieren.
➤ In kaltem Salzwasser aufsetzen,
zum Kochen bringen und 15 – 20 Minuten langsam nicht zu weich kochen.
Abschütten, abkühlen und gut trocknen lassen.
➤ Möglichst auf Holzkohle von allen
Seiten grillen.

Frittierte Taro-Bällchen

*4 Knollen Taro, geschält
¼ TL Salz
2 Zwiebeln,
   geschält und gewürfelt
1 Stange Lauch, gewürfelt
etwas Erdnussöl zum Sautieren
¼ TL schwarzer Pfeffer, gemahlen
etwa 1 l Erdnussöl zum Frittieren*

➤ Den Taro in kaltem Salzwasser
aufsetzen, zum Kochen bringen und
20 – 30 Minuten gut weich kochen.
➤ Knollen pürieren und aus der Masse
Bällchen mit einem Durchmesser von
etwa 5 cm formen.
➤ Zwiebeln und Lauch in etwas Öl
sautieren, mit Salz und Pfeffer würzen.
➤ In die Taro-Bällchen mit dem Finger
jeweils ein Loch bohren, dieses mit
der Zwiebelmasse füllen und gut verschließen.
➤ Bällchen frittieren, bis sie knusprig
sind und eine goldene Farbe angenommen haben.

Ingwer-Knoblauch-Gemüse

2 Tassen grüne Bohnen (etwa 200 g)
3 EL Erdnussöl
4 Zwiebeln,
geschält und geachtelt
2 cm Ingwerwurzel,
geschält und fein gehackt
2 Knoblauchzehen,
geschält und fein gehackt
¼ TL schwarzer Pfeffer,
mittelfein gemahlen
¼ TL Salz
etwa 200 ml Gemüsebrühe
oder Wasser
2 Karotten,
schräg in etwa 1 cm
breite Scheiben geschnitten
1 Süßkartoffel,
schräg in etwa 1 cm
breite Scheiben geschnitten
1 Zucchino,
schräg in etwa 1 cm
breite Scheiben geschnitten

➤ Grüne Bohnen kurz blanchieren und abgießen. Öl in einem großen, flachen Topf erhitzen und Zwiebeln darin glasig sautieren.

➤ Ingwer und Knoblauch zusammen im Mörser fein zerreiben und zu den Zwiebeln geben. Einige Sekunden unter Rühren mitsautieren.

➤ Pfeffer und Salz einrühren, etwas Gemüsebrühe oder Wasser angießen und Karotten, grüne Bohnen und Süßkartoffel zugeben. Bedeckt 10 – 15 Minuten köcheln lassen, bis das Gemüse halb gar ist.

➤ Zucchino zugeben und 5 – 10 weitere Minuten bedeckt köcheln lassen, bis das Gemüse weich ist.

Gegarte Brunnenkresse

500 g Brunnenkresse

➤ Brunnenkresse kurz blanchieren und klein hacken.

Blattgemüsetopf

1 ½ Tassen möglichst frischer,
  lockerer Seitan guter Qualität,
  in etwa 3 cm große Würfel
  geschnitten (etwa 150 g)
6 EL Erdnussöl
4 Zwiebeln,
  geschält und gewürfelt
2 Knoblauchzehen,
  geschält und fein gehackt
1 cm Ingwerwurzel,
  geschält und fein gehackt
⅛ TL Kurkuma, gemahlen
1 Prise Gewürznelken, gemahlen
1 Prise Zimt, gemahlen
¼ TL schwarzer Pfeffer, gemahlen
1 große Tomate,
  enthäutet und gewürfelt
8 Tassen Karottenblätter,
  von den dicken Stängeln gepflückt
  und klein geschnitten
¼ TL Salz
etwas Wasser

➤ Seitan ausdrücken. In einem großen Topf 4 EL Öl erhitzen, den Seitan darin gut braun braten und auf einem Teller zur Seite stellen.

➤ Im selben Topf (ohne ihn auszuwaschen) das restliche Öl erhitzen und Zwiebeln darin sautieren, bis sie eine goldene Farbe annehmen.

➤ Knoblauchzehen und Ingwer im Mörser fein zerreiben, zu den Zwiebeln geben und unter Rühren kurz mitsautieren.

➤ Gewürze und Tomate zugeben und unter Rühren 5 Minuten schmoren lassen. Seitan und Karottenblätter sowie Salz und etwas Wasser zugeben. 15 – 20 Minuten bedeckt köcheln lassen, bis die Blätter weich sind.

Als ich eines Sommers bei Freunden ein Gericht aus Karottenblättern gekocht hatte, waren die beiden madagassischen Frauen sehr überrascht, dass diese Blätter essbar sind. Noch überraschter waren sie – und ich nicht weniger –, als sie nach der ersten Kostprobe ausriefen, dass die Karottenblätter fast genauso schmeckten wie ein bestimmtes madagassisches Blättergemüse. Seither können sie dieses madagassische Gericht in Deutschland kochen – mit Karottenblättern.

Gemischter Salat mit Erdnüssen

½ kleiner Kopf Weißkohl
4 Karotten
2 rote Zwiebeln, geschält
1 Tasse grüne Bohnen (etwa 100 g)
1 Tasse Erdnüsse,
    geschält (in den Schalen geröstet,
    ersatzweise in Öl geröstet und
    gesalzen)
2 cm Ingwerwurzel,
    geschält und fein gehackt
2 Knoblauchzehen,
    geschält und fein gehackt
2 frische rote Chilischoten,
    fein gehackt
1 TL Kurkuma, gemahlen
1 TL Senfsaat, gemahlen
¼ TL schwarzer Pfeffer, gemahlen
Saft einer Limette, frisch gepresst
¼ TL Salz
2 EL Erdnussöl
etwas Wasser

➤ Weißkohl fein schnitzeln. Karotten in sehr feine Stäbchen, Zwiebeln in feine Halbmonde und Bohnen schräg in sehr feine Scheiben schneiden. Die Bohnen blanchieren. Erdnüsse mit einem Nudelholz grob zerdrücken.
➤ Alles Gemüse mit den Erdnüssen in eine Schüssel füllen und gut mischen.
➤ Aus Ingwer, Knoblauch und Chilischoten im Mörser eine feine Paste reiben. Die Paste mit den gemahlenen Gewürzen, dem Limettensaft, Salz und Öl sowie etwas Wasser zu einem Dressing rühren und in den Salat einmischen.

Papayasalat

1 EL Erdnussöl
2 Knoblauchzehen,
    geschält und fein gehackt
1 frische rote Chilischote, fein gehackt
1 Prise Kurkuma, gemahlen
1 Prise schwarzer Pfeffer, gemahlen
1 kleine grüne, unreife Papaya,
    geschält, entkernt und
    grob geraspelt
Saft einer Limette, frisch gepresst

➤ Öl in einer Pfanne erhitzen. Knoblauch und Chilischote darin kurz sautieren. Gewürze zugeben und unter Rühren kurz mitsautieren.
➤ Papaya zugeben und unter Rühren einige Minuten sautieren.
➤ Abkühlen lassen, mit Limettensaft beträufeln und kalt servieren.

Scharfe Mangopickles

2 große reife Mangos,
geschält und entsteint
1 frische rote Chilischote
1 EL schwarze Pfefferkörner
2 Knoblauchzehen, geschält
4 EL Salz
1 l Wasser
4 EL Reisessig

➤ Mangos in sehr feine Stäbchen schneiden. Mit Chilischote, Pfefferkörnern und Knoblauchzehen in ein Glas schichten.
➤ Salz mit Wasser und Essig aufkochen, das Salz vollständig auflösen und die Flüssigkeit heiß über die Mangos gießen, sodass diese bedeckt sind. Etwa 2,5 cm unterhalb des Glasrandes freilassen und das Glas gut verschließen.
➤ An einem dunklen und nicht zu kühlen Ort etwa eine Woche fermentieren lassen. Danach im Kühlschrank aufbewahren.

Gedämpfter Bananenkuchen

2 Tassen gegarte Zuckermaiskörner
3 Tassen reife Bananen,
geschält und fein geschnitten
einige Bananenblätter,
ersatzweise Baumwolltuch

➤ Mais gut stampfen. Bananen mit einer Gabel fein zerdrücken und mit dem Mais mischen.
➤ Die Masse in Bananenblätter einwickeln und etwa 1 Stunde gar dämpfen.

Variante: Statt mit Mais wird dieses Gericht auch mit Reis zubereitet: Dazu 2 Tassen Vollkorn-Langkornreis über Nacht in Wasser einweichen, dann abschütten und gut stampfen. Diese Masse wird mit den Bananen etwa 2 Stunden gedämpft.

Asien

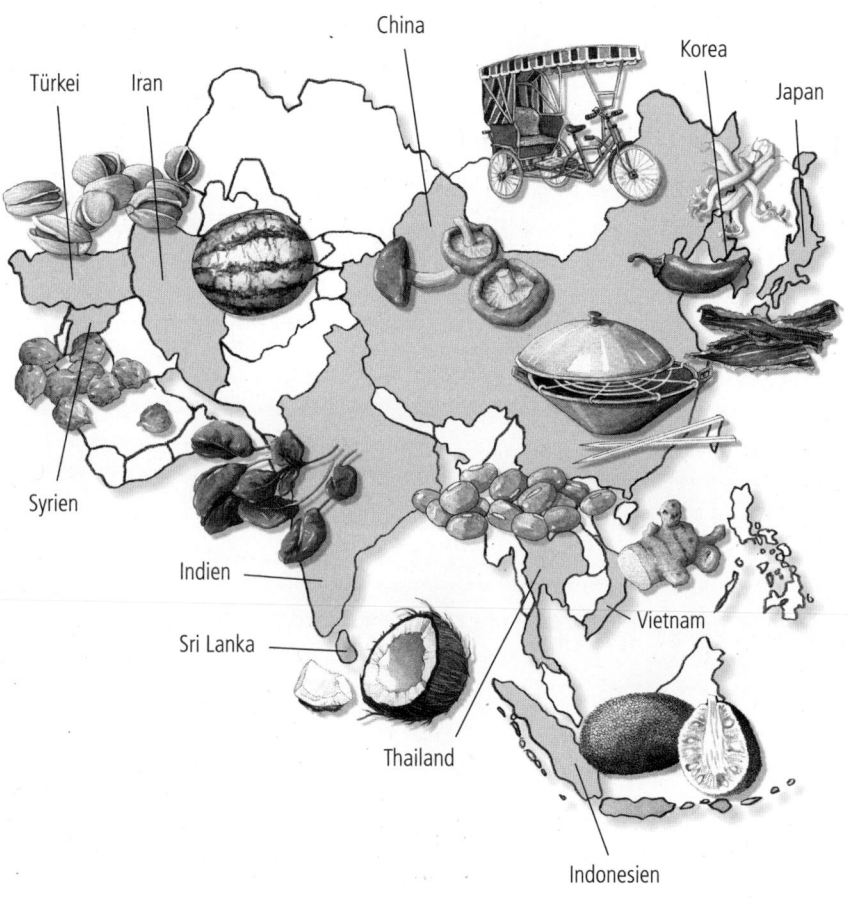

Türkei Iran China Korea Japan

Syrien

Indien

Sri Lanka

Thailand

Vietnam

Indonesien

Türkei

Nussig süßer Reis

3 EL Olivenöl
½ Tasse Mandelstifte
½ Tasse frische Pistazien,
   ungeröstet und ungesalzen
½ Tasse Korinthen
2 Tassen Vollkorn-Langkornreis
4 Tassen Wasser
2 Prisen Salz

➤ Öl in einem nicht zu flachen Topf
erhitzen. Mandeln und Pistazien darin
vorsichtig rösten, bis sie eine goldene
Farbe angenommen haben. Korinthen
einrühren, dann den gut abgetropften
Reis einige Minuten unter Rühren
mitsautieren.
➤ Wasser angießen, zum Kochen
bringen, salzen und bedeckt 45 –
50 Minuten garen, bis die Reiskörner
aufgeplatzt sind und alle Kochflüssigkeit absorbiert ist.

Bohnen-Dill-Püree

2 Tassen getrocknete braune
   Favabohnenkerne
4 EL Olivenöl
1 Zwiebel,
   geschält und fein gehackt
3 Tassen Wasser
eventuell etwas kaltes Wasser
¼ TL Salz
½ Tasse Dill, fein geschnitten
etwa 6 EL Zitronensaft, frisch gepresst
2 unbehandelte Zitronen,
   in Spalten geschnitten
½ Tasse schwarze Oliven

➤ Die Bohnen nach dem Grundrezept
(siehe Seite 11) in Wasser einweichen
und blanchieren.
➤ 2 EL Öl in einem Topf erhitzen und
Zwiebel darin sautieren, bis sie eine
goldene Farbe annimmt.
➤ Bohnen einrühren und einige Minuten mitsautieren. Wasser angießen
und bedeckt etwa 2 Stunden köcheln
lassen, bis die Bohnen sehr weich
sind. Zwischendurch die Wassermenge
kontrollieren und gegebenenfalls etwas
kaltes Wasser nachgießen. Falls am
Ende der Garzeit zu viel Wasser übrig
ist, dieses abgießen und auffangen.
➤ Salz und Dill bis auf 1 EL in die
Bohnen einrühren und diese pürieren,
dabei eventuell etwas Kochwasser
zufügen. Abkühlen lassen und den
Zitronensaft gut einmischen.
➤ Püree auf einem Teller anrichten,
2 EL Öl darüberträufeln und mit dem
restlichen Dill, den Oliven sowie
Zitronenspalten garnieren.

Lauch-Karotten-Gemüse

6 EL Olivenöl
2 Knoblauchzehen,
    geschält und zerrieben
¼ TL Salz
4 – 6 Stangen Lauch,
    schräg in etwa 5 cm
    große Stücke geschnitten
2 große Karotten,
    schräg in etwa 7 mm
    dicke Scheiben geschnitten
etwas Wasser

➤ Öl in einem sehr großen, flachen Topf leicht erhitzen und Knoblauch darin einige Sekunden unter Rühren vorsichtig sautieren. Nicht braun werden lassen.
➤ Salz, Lauch und Karotten einrühren. Etwas Wasser angießen und bedeckt bei geringer Hitze 20 – 30 Minuten garen, bis das Gemüse weich und das Gericht leicht angedickt ist.

Variante: Etwas gegarten Reis oder auch Scheiben von einer Sellerieknolle zugeben und mitgaren.

Gegarte Oliven

500 g grüne Oliven, entsteint
2 EL Olivenöl
6 Knoblauchzehen,
    geschält und fein gehackt
1 kleines Bund Petersilie, fein gehackt
1 Prise milde rote Chiliflocken
    (Pul Biber), zerrieben
250 ml Wasser
2 unbehandelte Zitronen

➤ Oliven waschen, einige Stunden in Wasser einweichen, abgießen und abwaschen.
➤ Öl in einem kleinen, tiefen Topf erhitzen und Knoblauch darin sautieren, bis er eine leicht goldene Farbe angenommen hat.
➤ Petersilie, Chiliflocken, Oliven und Wasser zugeben. Unbedeckt etwa 30 Minuten köcheln lassen, bis fast alle Kochflüssigkeit eingedickt ist. Von der Kochstelle nehmen und den Saft einer Zitrone einrühren.
➤ Kalt mit der in Scheiben geschnittenen zweiten Zitrone servieren.

In der Türkei hatten wir einmal bei einem Ausflug den Bus zurück in die Stadt verpasst, sodass uns nichts anderes übrig blieb, als zu Fuß zu gehen. Da es sehr heiß war und wir ausgesprochen müde und durstig waren, freuten wir uns besonders, als ein alter Mann auf einem Traktor vorbeikam und uns mit in die Stadt nehmen wollte. Per Zeichensprache wurden wir eingeladen, uns auf den mit Wassermelonen voll beladenen Anhänger zu legen und uns mit Melonen zu erfrischen, so viel wir wollten beziehungsweise konnten.

Paprikaspinat

4 EL Olivenöl
2 große Zwiebeln,
    geschält und grob gehackt
1 frische, große, milde rote
    Chilischote, schräg in etwa 3 cm
    breite Ringe geschnitten
1 frische, große, milde grüne
    Chilischote, schräg in etwa 3 cm
    breite Ringe geschnitten
3 rote Spitzpaprikaschoten,
    entkernt und schräg in etwa 3 cm
    breite Streifen geschnitten
500 g Spinat, klein geschnitten
2 Tomaten,
    enthäutet und fein gehackt
½ TL Salz
½ Bund glatte Petersilie, grob gehackt
1 unbehandelte Zitrone,
    in Viertel geschnitten

➤ Öl in einem großen, flachen Topf
erhitzen und darin Zwiebeln, Chilischoten und Paprikaschoten unter
Rühren sautieren, bis die Zwiebeln
glasig sind und die Haut der Paprika
anfängt, Blasen zu werfen.
➤ Den Spinat kurz blanchieren und
abgießen. Die Tomaten zur Paprika
geben und kurz mitsautieren. Spinat
und Salz einrühren und einige Minuten bedeckt schmoren lassen, bis das
Gemüse weich ist.
➤ Mit Petersilie bestreuen und mit
Zitronenvierteln servieren.

Würziges Auberginenmus

4 Auberginen
Olivenöl zum Einölen der Auberginen
1 große Zwiebel,
    geschält und fein gehackt
2 Tomaten, sehr klein gewürfelt
4 Knoblauchzehen,
    geschält und durch die
    Knoblauchpresse gegeben
4 EL Olivenöl
1 EL Minze, fein gehackt
3 EL Petersilie, fein gehackt
¼ TL Salz
1 Prise schwarzer Pfeffer, gemahlen
2 unbehandelte Zitronen
einige schwarze Oliven

➤ Die ganzen Auberginen einölen
und auf Holzkohle oder im Backofen
bei 200 °C etwa 50 Minuten grillen
oder backen, bis sie weich sind und
die Haut verschrumpelt ist. Etwas
abkühlen lassen und schälen, danach
vollständig abkühlen lassen.
➤ Das Auberginenfleisch mittelfein
hacken und mit Tomaten, Knoblauch,
Öl, Kräutern, Gewürzen und dem Saft
einer Zitrone mischen.
➤ Auf einem Teller anrichten und mit
der zweiten, geviertelten Zitrone und
den Oliven garnieren.

Eingelegtes Dillgemüse

4 Karotten
2 rote Spitzpaprikaschoten
13 Knoblauchzehen, geschält
1 großes Bund Dill
2 Tassen Weißkohl,
   in sehr feine Streifen geschnitten
2 grüne Paprikaschoten, ausgehöhlt
2 kleine Gurken
3 Röschen Blumenkohl
5 grüne Bohnen
2 kleine grüne Tomaten
2 frische grüne, milde Chilischoten
3 getrocknete Chilischoten
½ unbehandelte Zitrone,
   in Scheiben geschnitten
10 TL Salz
800 ml Wasser
200 ml Weißweinessig

➤ 2 Karotten, 1 rote Paprikaschote, 5 Knoblauchzehen und 2 EL Dill in sehr feine Streifen schneiden, gut mischen, Weißkohl untermischen und diese Mischung in die grünen Paprikaschoten füllen.
➤ Gefüllte Paprikaschoten zusammen mit dem restlichen unzerkleinerten Gemüse in ein großes Glas schichten.
➤ Den restlichen Knoblauch, restliche Dillzweige, Chilischoten und Zitronenscheiben dazwischenstecken.
➤ Salz vollständig in Wasser und Essig auflösen und über das Gemüse gießen, sodass dieses bedeckt ist. Glas dicht verschließen und bei Zimmertemperatur 2 – 3 Wochen fermentieren lassen. Das eingelegte Dillgemüse danach im Kühlschrank aufbewahren.

Kohlsalat

¼ Kopf Weißkohl
¼ Kopf Rotkohl
2 unbehandelte Zitronen,
   in Viertel geschnitten
einige Prisen Salz
einige Prisen schwarzer Pfeffer,
   gemahlen

➤ Kohl in sehr feine Streifen schneiden. Getrennt auf Portionstellern anrichten und mit Zitronenvierteln, Salz und Pfeffer servieren.

Quittendessert

1 kg Quitten
1 unbehandelte Zitrone
300 ml Wasser
1 Zimtstange
4 Gewürznelken
2 – 3 Tassen beliebiges Süßungsmittel
2 EL Rosenwasser

➤ Quitten vierteln, Kerngehäuse und
eventuell holzige Teile entfernen. Mit
einem Kartoffelschäler die Zitrone
schälen und den Saft auspressen.
➤ Wasser mit Quitten, Zitronenschale, Zitronensaft, Zimt, Nelken und
Süßungsmittel zum Kochen bringen
und 30 – 40 Minuten köcheln lassen,
bis die Quitten weich sind.
➤ Quitten über Nacht in dem Sud
abkühlen und ziehen lassen, dann
herausnehmen. Zitronenschale,
Zimtstange und Nelken entfernen.
➤ Sud bis auf ein Drittel der Menge
einkochen und abkühlen lassen.
Rosenwasser einrühren und über die
auf einem Teller arrangierten Quitten
gießen.
➤ Über Nacht ziehen lassen und gut
gekühlt servieren.

Syrien

Grünkern mit Erbsen

2 Tassen Grünkern,
ganz oder sehr grob geschrotet
3 – 4 Wasser zum Einweichen und
Garen des Grünkerns
1 Tasse frische Erbsen
etwa 5 EL Olivenöl
1 Prise Salz
1 Prise schwarzer Pfeffer, gemahlen
4 EL Mandeln, geschält

➤ Den Grünkern über Nacht im Wasser einweichen und anschließend 45 – 55 Minuten bedeckt köcheln lassen. Gegebenenfalls übriges Kochwasser abgießen.

➤ Getreide und Erbsen in etwa 2 EL Öl geben, mit Salz und Pfeffer würzen und bedeckt 5 – 10 Minuten langsam dünsten.

➤ Mandeln im restlichen Öl vorsichtig rösten, bis sie eine goldene Farbe angenommen haben, und über das Getreidegericht streuen.

Variante: Pinienkerne anstelle der Mandeln verwenden.

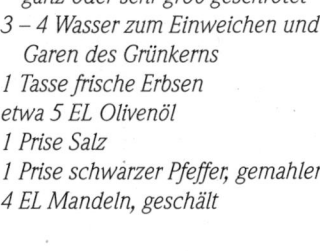

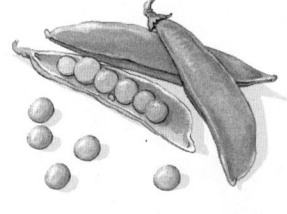

Während einer Autofahrt durch die syrische Wüste boten uns der Fahrer und sein Freund geröstete, gesalzene Nüsse an. Im Gegenzug gaben wir den beiden das einzige, was wir hatten, nämlich salzige Vollkorn-Haferkekse. Uns war klar, dass diese Kekse für die beiden Syrer ungewöhnlich sein könnten, doch ihre heftige Reaktion hat uns dann doch überrascht. Beide waren erschrocken und entsetzt über diesen unerwarteten Geschmack und die für sie ungewöhnliche Konsistenz der Kekse. Sie konnten sie einfach nicht »runterkriegen«! Und so endeten die Kekse als Vogelfutter in der syrischen Wüste.

Frittierte Kichererbsen-Plätzchen

2 Tassen Kichererbsen
Wasser zum Einweichen
 der Kichererbsen
1 Zwiebel,
 geschält und sehr fein gehackt
4 Frühlingszwiebeln, sehr fein gehackt
1 Bund glatte Petersilie,
 sehr fein gehackt
4 TL Korianderblätter,
sehr fein gehackt
3 Knoblauchzehen,
 geschält und fein zerrieben oder
 durch die Knoblauchpresse gegeben
¼ TL Salz
2 TL Koriander, gemahlen
2 TL Kreuzkümmel, gemahlen
1 TL Weinstein-Backpulver
etwa 500 ml Olivenöl zum Frittieren

➤ Kichererbsen über Nacht in Wasser einweichen, abschütten und durch den Gemüsewolf geben oder in der Küchenmaschine pürieren, sodass ein nicht zu feines Püree entsteht.

➤ Zwiebeln, Kräuter und Knoblauch zugeben und mit Salz, Gewürzen und Backpulver gut in die Kichererbsen einmischen.

➤ Aus der Masse flache Plätzchen von etwa 5 cm Durchmesser formen und im Öl langsam braun und knusprig frittieren.

➤ Diese Plätzchen können mit Tahinsauce (siehe nebenstehendes Rezept) oder als komplette Mahlzeit auch in oder mit Fladenbrot, das mit Salat und mit Wasser verdünntem Tahin oder veganem Joghurt gefüllt ist, serviert werden.

Variante: Vor dem Frittieren einige Koriandersamen leicht in die Plätzchen eindrücken.

Tahinsauce

½ Tasse Tahin
etwas Wasser
2 – 3 Knoblauchzehen,
 geschält und fein zerrieben
½ TL Salz
nach Belieben Zitronensalz
etwas scharfes Paprikapulver

➤ Tahin mit Wasser zu einer sämigen Sauce glatt rühren. Knoblauch gut untermischen. Abschmecken und mit Paprikapulver bestreuen.

➤ Diese Sauce passt gut zu frittierten Kichererbsenplätzchen (siehe nebenstehendes Rezept) oder Gemüse, besonders gut zu gegartem Blumenkohl.

Rote-Bete-Scheiben

4 Rote Beten
1 – 2 EL Zitronensaft, frisch gepresst

➤ Rote Bete etwa 1 Stunde gut weich kochen, etwas abkühlen lassen, schälen und vollständig abkühlen lassen.
➤ Dann in etwa 1 cm dicke Scheiben schneiden, auf einer Servierplatte anrichten und mit sehr wenig Zitronensaft beträufeln.

Kräuterzucchini

4 Zucchini
2 EL Olivenöl
¼ TL Salz
2 EL Dill, fein gehackt
2 EL Minze, fein gehackt
1 EL Zitronensaft, frisch gepresst

➤ Zucchini in etwa 1 cm große Würfel schneiden, mit dem Öl in einen großen Topf geben, salzen und bedeckt unter gelegentlichem Rühren langsam 10 – 20 Minuten schmoren lassen, bis die Zucchini weich sind.
➤ Mit Kräutern und etwas Zitronensaft abschmecken.

Auberginengemüse

3 Auberginen,
* in etwa 1 cm dicke*
* Scheiben geschnitten*
Salz
etwa 100 ml Olivenöl
6 reife, aber feste Eiertomaten,
* in etwa 1 cm dicke*
* Scheiben geschnitten*
4 Gemüsezwiebeln,
* geschält und in etwa 1 cm*
* dicke Scheiben geschnitten*
¼ TL schwarzer Pfeffer, gemahlen
etwa 50 ml Wasser

➤ Die Auberginenscheiben gut einsalzen und mindestens 30 – 60 Minuten mit einem Gewicht beschweren, dann gut abwaschen und abtrocknen.
➤ Öl in einer Pfanne erhitzen. Auberginen darin goldbraun braten, in einen großen, flachen Topf geben und die Tomaten obenauf legen.
➤ Zwiebeln in derselben Pfanne (ohne sie auszuwaschen) vorsichtig leicht glasig sautieren und auf die Tomaten legen.
➤ Etwa 1 EL Salz und Pfeffer überstreuen, das Bratöl über das Gemüse gießen und das Wasser angießen. Langsam 30 – 45 Minuten bedeckt schmoren lassen, bis das Gemüse weich ist.
➤ Am besten im Topf auf den Tisch bringen und vorsichtig, ohne das Gemüse zu sehr zu zerbrechen, warm oder kalt servieren.

Grünes Blattgemüse mit Knoblauch

3 EL Olivenöl
etwa 20 Knoblauchzehen, geschält
1 milde grüne Chilischote,
  in Ringe geschnitten
etwa 100 ml Gemüsebrühe
  oder Wasser
1 EL Zitronensaft, frisch gepresst
¼ TL Salz
750 g Malvenblätter,
  ersatzweise Brennnesselblätter
  oder Spinat

➤ Öl in einem großen Topf leicht erhitzen. Ganze Knoblauchzehen und Chilischote darin unter Rühren einige Minuten leicht sautieren, Gemüsebrühe oder Wasser angießen und bedeckt 20 – 30 Minuten köcheln lassen, bis die Knoblauchzehen weich sind.
➤ Zitronensaft, Salz und die grob geschnittenen Malvenblätter (oder die ganzen Brennnesselblätter oder den blanchierten und nicht zu klein geschnittenen Spinat) zugeben und bedeckt unter gelegentlichem Rühren etwa 10 Minuten köcheln lassen, bis die Blätter weich gegart sind.
➤ Mit etwas Kochsud servieren.

Variante: Wer mag, kann eine geschälte und nicht zu fein geschnittene Gemüsezwiebel mit dem Knoblauch und der Chilischote sautieren. Lecker sind auch in Öl golden sautierte Pinienkerne über das Gemüse gestreut.

Scharfe Oliven

500 g grüne Oliven, entsteint
1 Zwiebel,
  geschält und sehr fein gehackt
2 frische grüne Chilischoten,
  sehr fein gehackt
je 2 frische rote Chilischoten,
  sehr fein gehackt
2 EL Minze, sehr fein gehackt
Saft einer Zitrone, frisch gepresst
2 EL Olivenöl

➤ Oliven mit einem Nudelholz leicht zerschlagen. Zwiebel, Chilischoten und Minze mit Zitronensaft und Öl im Mörser zerreiben und die Oliven gut mit der Paste mischen. Vor dem Servieren einige Stunden ziehen lassen.
➤ Die Oliven werden traditionell mit einigen Zitronenspalten, einigen Stängeln Minze, Frühlingszwiebeln und Salzgurkenstreifen zusammen mit Fladenbrot vor oder zu vielen Mahlzeiten serviert.

Gurken-Tomaten-Salat

4 Tomaten,
  in dünne Stäbchen oder
  kleine Würfel geschnitten
½ Salatgurke,
  in dünne Stäbchen oder
  kleine Würfel geschnitten
etwa 2 EL Zitronensaft, frisch gepresst
2 EL Olivenöl
¼ TL Salz

➤ Tomaten und Gurken vermengen.
➤ Aus den restlichen Zutaten ein Dressing rühren und unter das Gemüse mischen.

Obstsalat aus getrockneten Früchten

1 Tasse getrocknete Aprikosen
1 Tasse getrocknete Datteln, entsteint
1 Tasse getrocknete Feigen
1 Tasse getrocknete Pflaumen,
  entsteint
1 Tasse Sultaninen
Wasser zum Einweichen
  des Trockenobstes
2 EL Mandeln
2 EL frische Pistazien,
  ungeröstet und ungesalzen
2 EL beliebiges Süßungsmittel
1 EL Zitronensaft, frisch gepresst
1 EL Orangenblütenwasser
½ TL Anis, gemahlen
¼ TL Zimt, gemahlen

➤ Getrocknete Früchte gut waschen, über Nacht in Wasser gerade bedeckt einweichen, dann abgießen und das Wasser auffangen.
➤ Mandeln und Pistazien grob hacken und in einer ungefetteten Pfanne vorsichtig unter Rühren leicht rösten.
➤ Die restlichen Zutaten mit dem Einweichwasser gut verrühren und über die auf einem tiefen Teller angerichteten Früchte gießen. Einige Zeit ziehen lassen und vor dem Servieren mit den Mandeln und Pistazien bestreuen.

Iran

Kräuterreis

2 Tassen Vollkorn-Langkornreis
4 Tassen Wasser
2 Prisen Salz
2 EL Dill, fein gehackt
1 EL Korianderblätter, fein gehackt
1 EL Schnittlauch, fein gehackt
1 EL Petersilie, fein gehackt
2 EL Olivenöl

➤ Reis mit Wasser in einem kleinen, tiefen Topf aufsetzen, zum Kochen bringen, salzen und bedeckt 45 – 50 Minuten garen, bis die Reiskörner aufgeplatzt sind und das Kochwasser absorbiert ist.
➤ Kräuter und Öl einrühren und vor dem Servieren einige Minuten bedeckt ruhen lassen.

Gelbe Linsen

1 ½ Tassen halbierte rote Linsen
2 EL Olivenöl
1 große Zwiebel,
  geschält und gehackt
1 TL Kurkuma, gemahlen
1 große Kartoffel,
  in mittelgroße Würfel geschnitten
3 – 4 Tassen Gemüsebrühe
  oder Wasser
eventuell etwas kaltes Wasser
¼ TL Salz
einige Prisen schwarzer Pfeffer,
  gemahlen
1 EL Korianderblätter, fein gehackt
1 EL Dill, fein gehackt
1 – 2 EL Zitronensaft, frisch gepresst

➤ Linsen nach dem Grundrezept (siehe Seite 11) einweichen und blanchieren.
➤ Öl in einem nicht zu großen, tiefen Topf erhitzen und Zwiebel darin glasig sautieren. Kurkuma einstreuen und kurz mitsautieren.
➤ Linsen und Kartoffel zufügen, mit Gemüsebrühe oder Wasser auffüllen und 60 – 90 Minuten bedeckt garen, bis die Linsen sehr weich und sämig sind und alle Flüssigkeit aufgenommen ist. Zwischendurch die Flüssigkeitsmenge kontrollieren und gegebenenfalls etwas kaltes Wasser nachfüllen.
➤ Salz, Pfeffer und Kräuter untermischen und kurz bedeckt ziehen lassen. Vor dem Servieren Zitronensaft einrühren.

Safrankarotten

3 EL Olivenöl
1 große Zwiebel,
  geschält und gehackt
¼ TL Safran, gemahlen
1 Prise Salz
1 Prise schwarzer Pfeffer, gemahlen
etwa 100 ml Wasser
500 g Karotten,
  in etwa 1,5 cm große
  Würfel geschnitten
2 EL Mandeln, blättrig geschnitten

➤ 2 EL Öl in einem großen, flachen Topf erhitzen und Zwiebel darin leicht sautieren, bis sie eine goldene Farbe angenommen hat. Safran, Salz und Pfeffer einrühren, Wasser angießen und Karotten zugeben. Bedeckt 10 – 15 Minuten garen, bis die Karotten weich sind.
➤ Mandeln im restlichen Öl vorsichtig rösten, bis sie eine goldene Farbe angenommen haben, und vor dem Servieren über die Karotten streuen.

Variante: Anstelle von Safran ½ TL Zimtpulver verwenden und mit den Karotten einige zuvor eingeweichte Trockenpflaumen zugeben.

Gebratene Auberginen

2 Auberginen
Salz
etwa 200 ml Olivenöl
1 große Zwiebel,
  geschält und fein gehackt
½ EL Kurkuma, gemahlen
1 Prise schwarzer Pfeffer, gemahlen
etwa 1 EL Salz

➤ Die Auberginen längs in etwa 5 mm dicke Scheiben schneiden, einsalzen und mit einem Gewicht beschwert mindestens 30 – 60 Minuten ziehen lassen. Abwaschen und gut abtrocknen. In so viel Öl, wie nötig ist, goldbraun und gut weich braten und auf einem großen, heißen Teller anrichten.
➤ In derselben Pfanne (ohne sie auszuwaschen) die Zwiebel sautieren, bis sie eine goldene Farbe angenommen hat. Kurkuma, Pfeffer und eventuell etwas Salz zugeben, kurz umrühren und über die Auberginen geben.
➤ Restliches, kaltes Öl ebenfalls über die Auberginen gießen.
➤ Warm oder kalt servieren.

Serviertipp: Mit veganem Joghurt servieren.

Knoblauch-Minze-Zucchini

4 Zucchini
4 Knoblauchzehen,
 geschält und gehackt
1 – 2 EL Minze, klein geschnitten
¼ TL Salz
4 EL Olivenöl
1 Prise schwarzer Pfeffer, gemahlen

➤ Zucchini längs halbieren. Knoblauch, Minze und Salz im Mörser zu einer Paste zerreiben und die Schnittflächen der Zucchini damit bestreichen.
➤ Öl in einen großen, flachen Topf geben, Zucchini mit den Schnittflächen nach oben hineinsetzen und leicht bedeckt 20 – 30 Minuten bei mittlerer Hitze garen, bis die Zucchini weich sind. Vor dem Servieren mit Pfeffer bestreuen.

Würziger Spinat

2 EL Olivenöl
1 große Zwiebel,
 geschält und fein gehackt
500 g Spinat
2 Knoblauchzehen,
 geschält und klein geschnitten
¼ TL Salz
1 Prise schwarzer Pfeffer, gemahlen
1 – 2 EL Bockshornkleeblätter,
 klein gehackt

➤ Öl in einem flachen Topf erhitzen und Zwiebel darin glasig sautieren. Spinat kurz blanchieren und abgießen.
➤ Knoblauch mit Salz zerreiben und zur Zwiebel geben. Spinat untermischen. Pfeffer und Bockshornkleeblätter einmischen und bedeckt einige Minuten schmoren lassen, bis der Spinat gegart ist.

Chilipickles

500 g milde grüne Chilischoten
2 große Karotten
6 Röschen Blumenkohl
1 getrocknete Chilischote
1 EL Nigellasamen
1 EL Koriandersamen
2 EL Angelikasamen
6 EL Korianderblätter
1 EL getrocknete Minze
etwa 600 ml Wasser
etwa 3 EL Salz
etwa 200 ml Weißweinessig

➤ Jede Chilischote mehrmals einstechen, Karotten in etwa 3 cm große Würfel schneiden und mit dem Blumenkohl in ein Glas schichten. Getrocknete Chilischote obenauf legen.
➤ Samen zerdrücken, mit den restlichen Zutaten mischen (dabei das Salz vollständig auflösen) und das Ganze über das Gemüse gießen, sodass dieses gut bedeckt ist.
➤ Glas fest verschließen und bei Zimmertemperatur an einem dunklen Ort 4 Wochen fermentieren lassen.

Gemischter würziger Salat

½ Romanasalat
½ Salatgurke, geschält
2 Tomaten
1 große Zwiebel, geschält
2 – 3 EL Zitronensaft, frisch gepresst
¼ TL Salz
1 Prise schwarzer Pfeffer, gemahlen
1 Prise Chilipulver
2 EL Olivenöl
1 EL glatte Petersilie, grob gehackt
1 EL Minze, grob gehackt
4 EL schwarze Oliven

➤ Salat, Gurke, Tomaten und Zwiebel in etwa 7 mm dicke Streifen schneiden, mischen und auf einer großen Servierplatte anrichten.
➤ Aus Zitronensaft, Salz, Pfeffer, Chilipulver und Öl ein Dressing rühren und über den Salat gießen. Kräuter darüberstreuen und mit Oliven garnieren.

Melonendessert

2 Cantaloupemelonen
oder Honigmelonen,
geschält und entkernt
1 – 2 EL Rosenwasser

➤ Melonenfleisch in einer Küchenmaschine grob hacken, Rosenwasser
untermischen und gut gekühlt servieren.

Variante: Nach Geschmack frisch
gepressten Zitronensaft zugeben.

China

Reis mit Hatomugi

1 ½ Tassen Vollkorn-Rundkornreis
½ Tasse Hatomugi,
*   möglichst ungeschält*
4 Tassen Wasser
2 Prisen Salz

➤ Reis und Hatomugi mit Wasser im
Dampfdrucktopf zum Kochen bringen,
salzen und auf niedrigster Stufe 45 –
50 Minuten garen (im normalen Kochtopf etwa 70 Minuten mit 4 ½ Tassen
Wasser).

Auf einer Reise in China wurden wir zum Essen in
ein vegetarisches Restaurant eingeladen. Als wir die
angebotenen Speisen sahen, trauten wir der Sache
vorerst nicht ganz, denn alles sah aus wie Fleisch,
Würstchen und Ähnliches. Doch unser Gastgeber
versicherte uns, alle angebotenen Speisen seien tatsächlich rein vegetarisch. In
diesem ausgezeichneten vegetarischen Restaurant wurden köstliche Seitan- und
Sojagerichte angeboten. Dennoch war es für uns, die wir uns seit langen Jahren
vegetarisch ernähren, zunächst ein komisches Gefühl, etwas zu essen, das in
Aussehen und Geschmack so viel Ähnlichkeit mit Fleisch hatte.

Tipp: Für die Herstellung von Seitan aus
Weizengluten die rohe Weizengluten-
Masse (siehe Rezept Seite 66) mit Wasser,
Shoyu, getrocknetem Kombu und Ingwer
etwa 1 Stunde im Dampfdrucktopf oder
2 – 3 Stunden im normalen Topf garen
und heiß mit der Brühe in sterile Schraub-
deckelgläser bis zum Rand füllen. Die
Gläser sofort leicht zuschrauben und in
einen großen, tiefen Topf stellen, der mit
kochendem Wasser gefüllt ist, sodass
die Gläser mindestens zur Hälfte im
Wasser stehen. Das Wasser bedeckt 10 –
20 Minuten leicht köcheln lassen. Gläser
herausnehmen, sofort fest zuschrauben
und gut abkühlen lassen. So behandelt,
ist der Seitan monatelang haltbar.

65

Tofu-Weizengluten-Topf mit Pilzen

8 Tassen Weizenvollkornmehl
Wasser zum Lösen des Glutens
500 ml Sesamöl oder Erdnussöl
   zum Frittieren des Weizenglutens
10 getrocknete Shiitake
10 getrocknete Judasohr-Pilze
½ Tasse getrocknete Silberohr-Pilze
¼ Tasse schwarzes Moos
warmes Wasser zum Einweichen
   der Pilze
2 EL Sesamöl
500 g möglichst frischer Tofu,
   in etwa 4 cm große
   Würfel geschnitten
15 Ginkgonüsse
1 kleiner Chinakohl,
   in etwa 7 cm große
   Stücke geschnitten
1 Tasse frische Goldnadelpilze
400 – 600 ml Gemüsebrühe
   oder Wasser
eventuell etwas Pfeilwurzstärke
   oder Kudzu,
   in etwas kaltem Wasser aufgelöst
½ EL Shoyu
einige Frühlingszwiebeln,
   in Ringe geschnitten

➤ Weizenvollkornmehl mit Wasser zu einem geschmeidigen, festen Teig kneten. Diesen in eine große Schüssel legen und mit kaltem Wasser bedecken, über Nacht stehen lassen.

➤ Wasser abgießen und je eine Handvoll des Teiges zu Bällchen formen und unter fließendem kalten Wasser mit knetenden Handbewegungen auswaschen, sodass Stärke und Kleie ausfließen. Nun unter warmem Wasser auswaschen, ebenfalls bis Stärke und Kleie ausfließen. Diesen Vorgang wiederholen, bis eine gummiartige Masse übrig bleibt.

➤ Aus dieser Masse kastaniengroße Stücke formen, gut abtrocknen und knusprig frittieren.

➤ Getrocknete Pilze mindestens 30 Minuten getrennt in warmem Wasser einweichen, dann abwaschen und die Shiitake entstielen.

➤ Öl in einem großen Topf leicht erhitzen und frittiertes Gluten, Tofu, Weißkohl, Ginkgonüsse, alle Pilze sowie Gemüsebrühe oder Wasser zum Kochen bringen. 30 – 45 Minuten bedeckt köcheln lassen, bis alle Zutaten weich sind. Falls das Gericht nicht genügend angedickt ist, etwas aufgelöste Pfeilwurzstärke oder Kudzu einrühren und einige Minuten köcheln lassen.

➤ Mit Shoyu abschmecken und bedeckt kurz ziehen lassen. Vor dem Servieren mit Frühlingszwiebeln bestreuen.

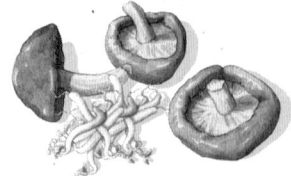

Zuckerschoten-Wasserkastanien-Gemüse

2 Tassen frische Wasserkastanien
½ TL Reismalz
½ EL Shoyu
3 Frühlingszwiebeln
3 EL Sesamöl oder Erdnussöl
2 EL Wasser
2 Tassen Zuckerschoten
1 TL Sesamöl

➤ Wasserkastanien schälen und in dünne Scheiben schneiden. Reismalz in Shoyu auflösen. Frühlingszwiebeln längs halbieren und in Halbmonde schneiden.
➤ Erdnussöl in einem Wok – ersatzweise in einer großen Pfanne – erhitzen und Wasserkastanien darin unter Rühren 1 Minute sautieren. Wasser zugeben und 3 Minuten unter Rühren köcheln lassen.
➤ Kochtemperatur schnell erhöhen. Frühlingszwiebeln und Zuckerschoten zugeben und einmal umrühren.
➤ Schnell das in Shoyu aufgelöste Reismalz und Sesamöl einrühren, von der Kochstelle nehmen und sofort servieren. (Falls Wasserkastanien aus der Dose verwendet werden, diese nur 1 Minute köcheln lassen.)

Knackiges Grün

1 kg chinesischer Brokkoli,
   Kai Choi oder Pak Choi,
   ersatzweise Brokkoli
2 EL Sesamöl oder Erdnussöl
1 ½ TL Ingwerwurzel,
   geschält und sehr fein gehackt
1 TL Knoblauch,
   geschält und sehr fein gehackt
etwa 2 EL Wasser
1 – 2 TL Shoyu

➤ Falls chinesischer Brokkoli oder europäischer Brokkoli verwendet wird und dieser sehr dicke Stängel hat, diese eventuell dünn schälen und längs in dünne Scheiben schneiden. Blätter und dünne Stiele in 5 – 7 cm große Stücke schneiden.
➤ Öl in einem Wok – ersatzweise in einer großen Pfanne – erhitzen. Ingwer und Knoblauch darin einige Sekunden sautieren, dabei nicht braun werden lassen.
➤ Gemüse zugeben und bei hoher Hitze 30 Sekunden unter Rühren sautieren.
➤ Das Wasser und Shoyu zugeben und unter ständigem Rühren einige Sekunden garen, bis das Gemüse bissfest knackig und die Kochflüssigkeit verdunstet ist.
➤ Falls Brokkoli verwendet wird, die Röschen einige Zeit nach den Stängeln und den Stielen zugeben. Alle Choi-Sorten benötigen nur eine sehr kurze Garzeit.

Variante: Wer mag, kann das fertige Gericht mit einigen Tropfen geröstetem Sesamöl würzen.

Würzige Auberginen

1 EL gelber Sesam, ungeschält
3 Auberginen
etwa 1 EL Salz
etwa 4 EL Sesamöl oder Erdnussöl
4 Knoblauchzehen,
* geschält und in Scheiben*
* geschnitten*
¼ – ½ TL Gewürzpulver
* (siehe Seite 69)*
2 EL Reiswein (Sake)
* oder ½ TL Reisessig*
1 EL Shoyu
2 Frühlingszwiebeln,
* in feine Ringe geschnitten*

➤ Sesam waschen, abtropfen lassen und in einer mäßig erhitzten, ungefetteten Pfanne unter ständigem Rühren rösten, bis die Samen aufplatzen und zu springen beginnen.

➤ Auberginen längs in etwa 1 cm dicke Scheiben schneiden, mit Salz einreiben und mit einem Gewicht beschwert 30 – 60 Minuten stehen lassen.

➤ Auberginen abwaschen und abtrocknen, auf ein gefettetes Backblech legen und ihre Oberflächen einölen. Bei mittlerer Hitze auf jeder Seite 10 – 15 Minuten backen oder auf Holzkohle grillen. Auberginenscheiben in etwa 2 cm breite Streifen schneiden.

➤ 1 EL Öl in einem Wok – ersatzweise in einer großen Pfanne – erhitzen, Knoblauch darin glasig sautieren, Auberginen und Gewürzpulver vorsichtig einrühren und 2 Minuten mitsautieren. Reiswein oder Reisessig unterrühren, nach 1 – 2 Minuten mit Shoyu abschmecken und kurz ziehen, aber nicht mehr kochen lassen.

➤ Vom Feuer nehmen und vor dem Servieren mit Frühlingszwiebeln und Sesam bestreuen.

Gewürzpulver

1 TL schwarze Pfefferkörner
1 TL Sternanis
1 TL Fenchelsamen
1 TL Zimt, gemahlen
1 TL Gewürznelken

➤ Die Zutaten werden im Mengen-
verhältnis 1:1:1:1:1 verwendet. Alle
Zutaten in der Gewürzmühle oder
Kaffeemühle fein mahlen.
➤ Dunkel und kühl aufbewahrt,
hält sich das Gewürzpulver mehrere
Wochen. Es wird zum Beispiel für die
Zubereitung des würzigen Auberginen-
gerichtes von Seite 68 benötigt.

Bambusssprossen-gemüse

½ Tasse getrocknete Shiitake
¼ Tasse getrockneter Salzkohl
Wasser zum Einweichen
*   der Pilze und des Kohls*
2 EL Sesamöl
1 Tasse frische Bambusssprossen,
*   geschält und in dünne Scheiben*
*   geschnitten*
etwa 50 ml Gemüsebrühe oder Wasser
1 TL Shoyu

➤ Shiitake und Salzkohl getrennt
etwa 30 Minuten in warmem Wasser
einweichen, dann gut waschen und
abtropfen lassen. Shiitake entstielen.
Pilzköpfe halbieren, Kohl in feine
Streifen schneiden.
➤ Öl in einem Wok – ersatzweise in
einer großen Pfanne – erhitzen und die
Bambusssprossen darin unter Rühren
2 – 3 Minuten sautieren.
➤ Dann Pilze und Kohl zugeben und
weiterrühren. Nach 2 Minuten Brühe
oder Wasser angießen, schnell zum
Kochen bringen und bedeckt etwa
5 Minuten köcheln lassen, bis das
Gemüse weich ist.
➤ Mit Shoyu beträufeln, gut mischen
und nach 1 Minute servieren.

Würziger Salat aus eingelegtem Kohl

1 kleiner Kopf Weißkohl
etwa ½ EL Salz
1 – 2 TL Reisessig
½ TL Reismalz
etwas Wasser
½ – 1 frische rote Chilischote,
  sehr fein gehackt
4 cm Ingwerwurzel,
  in sehr feine Streifen geschnitten
4 Blätter Chinakohl,
  in feine Streifen geschnitten
einige Tropfen geröstetes Sesamöl

➤ Weißkohl in feine Streifen schneiden, einsalzen, gut durchkneten und beschwert 2 – 3 Tage an einem nicht zu kühlen Ort fermentieren lassen. Dann abwaschen und ausdrücken.
➤ Aus Reisessig, Reismalz und etwas Wasser ein Dressing rühren und dieses zusammen mit Chili und Ingwer gut in das Kraut einmischen. Einige Stunden an einem warmen Ort ziehen lassen.
➤ Kurz vor dem Servieren Chinakohl einmischen, mit dem Sesamöl beträufeln und den Salat raumtemperiert servieren.

Lotoswurzelsalat

2 EL Erdnussöl
2 frische rote Chilischoten,
  in sehr dünne Scheiben geschnitten
1 EL Sesamöl
1 EL Reisessig
½ EL Shoyu
500 g frische Lotoswurzeln,
  geschält und in sehr
  dünne Scheiben geschnitten

➤ Erdnussöl in einem Wok – ersatzweise in einer Pfanne – erhitzen. Bei mittlerer Hitze Chilischoten unter Rühren 2 Minuten im Öl sautieren. Öl in eine Schüssel absieben, die Chilischoten werden nicht weiterverwendet.
➤ Sesamöl, Reisessig und Shoyu zum Öl in die Schüssel geben. Lotoswurzeln gut untermischen. Vor dem Servieren mindestens 15 Minuten bei Zimmertemperatur ziehen lassen.

Kokosschnitten

4 EL Agar-Agar-Flocken
800 ml Wasser
400 ml dicke Kokosmilch
2 EL Palmzucker
einige Litschis, geschält

➤ Agar-Agar in 100 ml Wasser gerade
bedeckt einige Minuten einweichen.
➤ 600 ml Wasser und Kokosmilch
zum Kochen bringen, Agar-Agar mit
dem Schneebesen schnell einrühren
und einige Minuten köcheln lassen,
bis es aufgelöst ist. In eine flache,
feuerfeste Form gießen, sodass die
Masse etwa 1 cm dick ist.
➤ Abkühlen und erstarren lassen,
dann in etwa 4 × 7 cm große Rechtecke schneiden und auf Portionstellern
anrichten.
➤ Aus 100 ml Wasser und Palmzucker
einen Sirup kochen, gut abkühlen
lassen und über die Schnittchen gießen. Vor dem Servieren mit Litschis
garnieren.

Korea

Reis mit Hirse

1 ½ Tassen Vollkorn-Rundkornreis
½ Tasse Hirse
4 Tassen Wasser
2 Prisen Salz

➤ Reis und Hirse mit Wasser im Dampfdrucktopf aufsetzen, zum Kochen bringen, salzen und unter geringem Druck etwa 45 Minuten garen (im normalen Topf 60 – 70 Minuten mit 4 ½ – 5 Tassen Wasser).

Würzige Bohnensprossen

½ EL gelber Sesam, ungeschält
4 Tassen Mungbohnensprossen
3 Frühlingszwiebeln,
   in feine Ringe geschnitten
½ frische rote Chilischote,
   in feine Ringe geschnitten
1 Knoblauchzehe,
   geschält und zerrieben oder durch
   die Knoblauchpresse gegeben
⅛ TL Salz

➤ Sesam gut waschen, abtropfen lassen und in einer mäßig heißen, ungefetteten Pfanne unter ständigem Rühren rösten, bis die Samen aufplatzen und zu springen beginnen.
➤ Bohnensprossen 1 Sekunde blanchieren und gut abtropfen lassen. Frühlingszwiebeln, Chilischote und Knoblauchzehen mit allen anderen Zutaten vorsichtig vermischen.

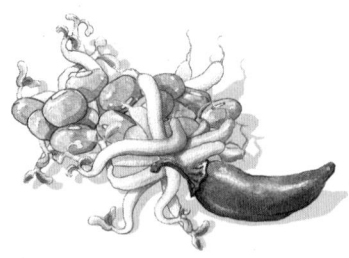

Brunnenkresse mit Sesam

2 EL gelber Sesam, ungeschält
500 g Brunnenkresse
½ EL Sesamöl
½ EL Shoyu
1 Prise schwarzer Pfeffer, gemahlen

➤ Sesam gut waschen, abtropfen lassen und in einer mäßig erhitzten Pfanne unter Rühren rösten, bis die Samen aufplatzen und zu springen beginnen.
➤ Brunnenkresse 1 Sekunde blanchieren, abtropfen lassen und mit den übrigen Zutaten vorsichtig und gut mischen.

Gegarte Süßkartoffeln

4 Süßkartoffeln
Salz

➤ Süßkartoffeln ungeschält in kaltem Salzwasser aufsetzen und leicht bedeckt 20 – 30 Minuten köcheln lassen, bis sie weich sind.
➤ Traditionell werden in der Schale gekochte Süßkartoffeln zu vielen Mahlzeiten gereicht.

Süßscharfer Kürbis

750 g Kürbis (feste Sorte)
1 EL Reismalz
100 ml Wasser
10 cm Ingwerwurzel,
*   geschält und fein gerieben*
1 Prise weißer Pfeffer, gemahlen
½ EL Shoyu
2 EL gelber Sesam, ungeschält
einige grüne Knoblauchschlotten
*   (Schnittknoblauch, Chinesischer*
*   Schnittlauch), fein geschnitten*

➤ Kürbis schälen und in etwa 2,5 cm große Würfel schneiden. Reismalz im Wasser auflösen und zusammen mit Kürbis, Ingwer und Pfeffer in einem großen, tiefen Topf 20 – 30 Minuten bedeckt köcheln lassen, bis der Kürbis weich ist.
➤ Shoyu überträufeln und bedeckt 1 Minute ziehen lassen, aber nicht mehr kochen.
➤ In der Zwischenzeit Sesam gut waschen, abtropfen lassen und in einer nicht zu heißen, ungefetteten Pfanne unter Rühren rösten, bis die Samen aufplatzen und zu springen beginnen.
➤ Vor dem Servieren Sesam und Knoblauchgrün über den Kürbis streuen.

Auberginenblumen

2 TL gelber Sesam, ungeschält
8 längliche Babyauberginen
4 EL Frühlingszwiebeln,
*   in feine Ringe geschnitten*
2 Knoblauchzehen,
*   geschält und zerrieben oder durch*
*   die Knoblauchpresse gegeben*
¼ TL Reismalz
1 TL Sesamöl
½ EL Shoyu
1 Prise schwarzer Pfeffer, gemahlen
etwa 6 EL Wasser

➤ Sesam gut waschen, abtropfen lassen und in einer nicht zu heißen, ungefetteten Pfanne unter Rühren rösten, bis die Samen aufplatzen und zu springen beginnen.

➤ Auberginen längs vierteln, ohne die Stielenden durchzuschneiden, sodass die Viertel zusammenhalten, und vorsichtig etwa 5 Minuten blanchieren, bis sie weich sind.

➤ Stiele vorsichtig abschneiden, ohne dass die Viertel auseinanderfallen, und die Auberginen mit der Haut nach unten auf einer Servierplatte arrangieren.

➤ Aus den restlichen Zutaten ein Dressing mischen und über die heißen Auberginen geben. Einige Zeit lang gut durchziehen lassen und kalt servieren.

Scharfer Rettichsalat

1 großer weißer Rettich
1 cm Ingwerwurzel,
*   geschält und fein gehackt*
½ EL Reismalz
2 EL Reisessig
1 EL Sesamöl
½ TL Chilipulver
¼ TL Salz

➤ Rettich in feine Stifte schneiden.

➤ Aus Ingwer und den restlichen Zutaten ein Dressing rühren und gut in den Rettich einmischen. Vor dem Servieren kurz durchziehen lassen.

Eingelegter Chinakohl

3 ¼ EL Salz
1,5 l Wasser
1 kg Chinakohl,
in feine Streifen geschnitten
6 Frühlingszwiebeln,
in feine Ringe geschnitten
4 Knoblauchzehen,
geschält und fein gehackt
4 cm Ingwerwurzel,
geschält und fein gehackt
1 – 2 frische rote Chilischoten,
fein gehackt
1 EL Reismalz

➤ 3 EL Salz vollständig im Wasser auflösen, Kohlstreifen hineingeben und beschwert 12 Stunden fermentieren lassen.
➤ Kohl herausnehmen, mit den restlichen Zutaten mischen, in ein Glas füllen und mit dem Salzwasser bis 2,5 cm unterhalb des Glasrandes auffüllen, sodass der Kohl bedeckt ist.
➤ 3 Tage an einem nicht zu kühlen Ort sauer fermentieren lassen. Eventuell entstehenden Schaum zwischendurch abschöpfen.

Süße Sesamspiralen

4 Tassen gelber Sesam, ungeschält
4 Tassen schwarzer Sesam, ungeschält
etwa 3 Tassen Reismalz

➤ Sesam waschen und gut abtropfen lassen. Nacheinander zunächst den schwarzen, dann den gelben Sesam in einer mäßig heißen Pfanne unter Rühren rösten, bis die Samen aufplatzen und zu springen beginnen.
➤ Jeweils mit etwa 1 ½ Tassen Reismalz, das sehr langsam und vorsichtig unter Rühren erhitzt wurde, vermischen und getrennt zwischen Silikonmatten oder Wachspapier zu zwei gleich großen Rechtecken ausrollen. Alternativ kann man die auf der Silikonmatte ausgebreitete Masse auch mit dem geölten Rücken eines Löffels glatt streichen und festdrücken.
➤ Den schwarzen Sesam auf den gelben legen und längs aufrollen. Vor dem Servieren in Scheiben schneiden.

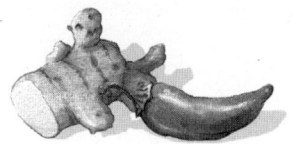

Japan

Buchweizennudeln in Brühe

4 cm getrockneter Kombu
2 getrocknete Shiitake
etwas Wasser zum Einweichen
*   der Alge und der Pilze*
800 ml Wasser
4 cm Ingwerwurzel,
*   geschält und in sehr feine*
*   Stäbchen geschnitten*
400 g Soba
1 – 2 TL Tamari oder Shoyu
4 Frühlingszwiebeln,
*   in feine Ringe geschnitten*

➤ Kombu und Shiitake mindestens 30 Minuten getrennt in Wasser einweichen. Shiitake entstielen, halbieren und sorgfältig waschen.

➤ Das abgesiebte Einweichwasser mit dem Wasser, Kombu, Ingwer und Shiitake zum Kochen bringen und bedeckt 30 – 45 Minuten köcheln lassen, bis das Gemüse weich ist.

➤ In der Zwischenzeit einen großen Topf mit Wasser zum Kochen bringen und die Soba-Nudeln darin 5 – 7 Minuten unter gelegentlichem Rühren leicht köcheln lassen, bis sie bissfest weich sind. Nudeln abgießen, in kaltes Wasser tauchen und gut abtropfen lassen.

➤ Kombu, Ingwer und Pilze aus dem Sud entfernen, den Sud mit Tamari oder Shoyu abschmecken und 1 Minute leicht ziehen, nicht mehr kochen lassen.

➤ Nudeln in Schälchen verteilen und Algen-Pilz-Brühe darübergießen. Mit Frühlingszwiebeln bestreut servieren.

Serviertipp: Die Nudeln können auch kalt, zum Beispiel mit einer Sauce aus Shoyu, süßem Reiswein (Mirin) Ingwersaft, serviert werden.

In einer kleinen Stadt in Japan sahen wir jeden Morgen, wie ein Mann mit einem Wägelchen von Haus zu Haus zog. Nein, es war kein Milchmann, es war der Tofumann!

Bunter Sojabohnentopf

1 Tasse getrocknete gelbe
  Sojabohnenkerne
4 cm getrockneter Kombu
Wasser zum Einweichen und Garen
  der Sojabohnen
12 Scheiben getrocknete Lotoswurzel
4 getrocknete Shiitake
4 Scheiben getrockneter Tofu
warmes Wasser zum Einweichen
  des Lotos, der Pilze und des Tofus
2 große Zwiebeln,
  geschält und grob gehackt
1 Stange Bleichsellerie,
  in etwa 1 cm große
  Stücke geschnitten
10 cm Klettenwurzel,
  in etwa 2 cm große
  Würfel geschnitten
1 Karotte,
  in etwa 2 cm große
  Würfel geschnitten
1 Tasse Hokkaido-Kürbis,
  entkernt und in etwa 2 cm
  große Würfel geschnitten
1 EL Kudzu,
  in etwas kaltem Wasser aufgelöst
2 – 3 TL Shoyu
4 cm Ingwerwurzel
4 Frühlingszwiebeln,
  in Ringe geschnitten

➤ Bohnen mit Kombu nach dem Grundrezept (siehe Seite 11) 90 – 120 Minuten im Dampfdrucktopf oder 3 – 4 Stunden im normalen Topf garen.

➤ Lotoswurzel, Shiitake und Tofu mindestens 30 Minuten in warmem Wasser einweichen und gut abwaschen. Pilze entstielen und vierteln, Tofu vorsichtig ausdrücken und in etwa 1 × 1 cm große Stücke schneiden.

➤ Kombu aus dem Bohnen-Kochwasser nehmen und auf den Boden eines großen Topfes legen. Zwiebeln, Lotoswurzel, Pilze, Tofu, Sellerie, Klettenwurzel, Karotte und Kürbis in der angegebenen Reihenfolge in den Topf schichten.

➤ Bohnen mit dem Kochwasser zugeben und bedeckt 30 – 45 Minuten köcheln lassen, bis die Klettenwurzel weich ist. Zwischendurch die Wassermenge kontrollieren – am Ende der Garzeit sollte nicht das ganze Wasser verkocht sein.

➤ Kudzu in den kochenden Eintopf rühren und einige Minuten köcheln lassen. Falls das Gericht zu dickflüssig wird, ein wenig Wasser einrühren. Mit Sojasauce abschmecken, bedeckt 1 Minute ziehen, aber nicht mehr kochen lassen.

➤ Ingwer fein reiben, Saft ausdrücken und in den Eintopf mischen. Vor dem Servieren mit Frühlingszwiebeln bestreuen.

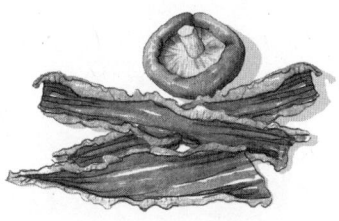

Gegarter weißer Rettich

2 cm getrockneter Kombu
etwas Wasser zum Einweichen
  des Kombu
etwa 16 cm großer weißer Rettich
  (Daikon)
etwa 400 ml Wasser
2 TL Shoyu
2 EL Reiswein (Sake)
2 EL süßer Reiswein (Mirin)
4 TL Gerstenmiso

➤ Kombu mindestens 30 Minuten in Wasser einweichen. Rettich in etwa 2 cm dicke Scheiben schneiden.
➤ In einem großen Topf Wasser, Kombu mit Einweichwasser und Rettichscheiben 10 – 20 Minuten bedeckt köcheln lassen, bis der Rettich weich ist. Mit Shoyu besprenkeln und bedeckt kurz ziehen lassen.
➤ In der Zwischenzeit Reiswein erhitzen, abkühlen lassen und mit Miso gut verrühren.
➤ Die abgetropften Rettichscheiben dünn mit der Misomischung bestreichen.

Pikante Brunnenkresse

500 g Brunnenkresse
etwa 2 TL Meerrettich-
  Brunnenkresse-Pulver (Wasabi)
etwa 2 TL Reisessig
etwa 1 TL Shoyu
etwas Wasser

➤ Brunnenkresse 1 Sekunde blanchieren, gut abtropfen lassen und nach Belieben grob oder fein hacken.
➤ Wasabi, Reisessig und Shoyu mit etwas Wasser mischen und einige Minuten ziehen lassen. Vorsichtig, aber gut in die Brunnenkresse einmischen und sofort servieren.

Algengemüse

2 EL gelber Sesam, ungeschält
2 Tassen getrocknete Arame
1 EL Sesamöl
3 Zwiebeln,
  geschält und in Halbmonde
  geschnitten
1 Karotte,
  in dünne Stäbchen geschnitten
etwa 50 ml Wasser
etwa 2 TL Shoyu

➤ Sesam waschen, abtropfen lassen und in einer mäßig heißen, unge-fetteten Pfanne unter ständigem Rühren rösten, bis die Samen aufplatzen und zu springen beginnen.
➤ Arame mehrmals gut waschen und abtropfen lassen.
➤ Öl in einem kleinen Topf erhitzen und Zwiebeln darin unter Rühren glasig sautieren. Karotte zugeben und unter Rühren einige Minuten mit-sautieren. Arame und Wasser zugeben und etwa 35 Minuten bedeckt leicht köcheln lassen, bis die Arame weich sind und die Flüssigkeit absorbiert ist. Zwischendurch die Wassermenge kontrollieren – möglichst kein Wasser nachfüllen.
➤ Mit Sojasauce abschmecken und bedeckt 1 Minute ziehen, aber nicht mehr kochen lassen. Sesam kurz vor dem Servieren unterrühren.

Saurer Ingwerdip

etwa 5 cm Ingwerwurzel,
  geschält
200 ml Wasser
etwa 2 EL Reisessig
1 TL Shoyu

➤ Ingwer fein reiben und den Saft aus-drücken. Mit den restlichen Zutaten vermischen und abschmecken.

Variante: Anstelle von Reisessig etwa 1 EL frisch gepressten Zitronensaft verwenden.

79

In Teig frittiertes Gemüse

250 g Weizenvollkornmehl
125 g Maismehl
etwa 600 ml kaltes Wasser
2 EL Kudzu oder Pfeilwurzstärke,
*   in etwas kaltem Wasser aufgelöst*
1 EL Shoyu
2 Karotten,
*   in feine Stäbchen geschnitten*
2 cm dicke Scheibe Hokkaido-Kürbis,
*   in feine Stäbchen geschnitten*
2 Zwiebeln,
*   geschält und in feine Ringe*
*   oder Halbmonde geschnitten*
4 größere Rosen Blumenkohl,
*   in kleine Röschen zerteilt*
mindestens 1 l Sesamöl
*   zum Frittieren,*
*   ersatzweise Sonnenblumenöl*

➤ Weizenmehl und Maismehl mischen und mit dem Schneebesen so viel kaltes Wasser einrühren, dass ein dünner Teig – ähnlich wie Pfannkuchenteig – entsteht. Kudzu oder Pfeilwurzstärke mit der Sojasauce in den Teig einrühren. Etwa 30 Minuten ruhen lassen.

➤ Mit Bambuskochstäbchen jeweils eine kleine Menge Gemüse aufnehmen, in den Teig tauchen und knusprig frittieren, bis es eine goldene Farbe annimmt.

➤ Dazu saurer Ingwerdip (siehe Seite 79) und kleine Bällchen aus fein geriebenem, ausgedrücktem Rettich, mit je einem Tropfen Shoyu beträufelt, servieren.

Variante: Es können auch größere, kurz blanchierte Gemüsestücke frittiert werden. Jede nicht zu stark wasserhaltige Gemüsesorte eignet sich für gut dieses Gericht. Versuchen Sie auch einmal Nori!

Algenrollen

1 Karotte,
in etwa 1 cm dicke Stäbchen
geschnitten
1 – 2 Scheiben möglichst frischer
Tofu, etwa 1 cm dick und in etwa
1 cm breite Stäbchen geschnitten
Salz
1 Tasse Vollkorn-Rundkornreis
2 Tassen Wasser
1 – 1 ½ EL Umeboshi-Essig
2 Blätter Nori
2 Frühlingszwiebeln

➤ Karotte bissfest dämpfen. Tofu in kochendes Salzwasser geben und 10 Minuten köcheln lassen.

➤ Reis mit Wasser im Dampfdrucktopf aufsetzen, zum Kochen bringen, 1 Prise Salz zugeben, bei niedrigster Stufe 45 – 50 Minuten garen (im normalen Topf 60 – 70 Minuten mit 2 ½ Tassen Wasser). Reis abkühlen lassen. Essig mit der Hand in den kalten Reis einarbeiten.

➤ Noriblätter mit der glänzenden Seite nach unten vorsichtig über einer kleinen Gasflamme (oder mit Hilfe eines flachen Holzlöffels in einer mäßig heißen Pfanne auf dem Elektroherd) rösten, bis sie die Farbe verändern. Dann die Blätter längs mit der glänzenden Seite nach unten am besten auf Bambus-Sushimatten legen.

➤ Mit dem Reis etwa 1 cm dick bestreichen, dabei das obere Drittel sowie unten etwa 2 cm breit frei lassen. In die Mitte der Reisschicht quer jeweils 1 Frühlingszwiebel, 2 – 3 Karottenstäbchen und Tofustäbchen hintereinanderlegen und die Alge mit der Matte vorsichtig in Richtung der größeren freien Stelle aufrollen beziehungsweise zusammenfalten, sodass sich die beiden Reisränder treffen und das Gemüse in der Mitte der Rolle ist.

➤ Etwas weiterrollen und vorsichtig, aber gut festdrücken und zu einer runden Rolle formen. Bis zum Ende des Algenblattes aufrollen und leicht zusammendrücken. Eventuell die freie Stelle mit sehr wenig Essig oder Wasser benetzen, falls das Ende der Alge nicht an der Rolle kleben bleibt.

➤ Eventuell gut trocknen lassen und die Rolle nach Belieben mit einem scharfen feuchten Messer in 1,5 – 2 cm breite Scheiben oder schräg in größere Stücke schneiden und auf den Schnittflächen liegend servieren.

➤ Mit saurem Ingwerdip servieren (siehe Seite 79). Falls Sie ein Naturtalent sind, sollten die Rollen schön rund sein, einen Durchmesser von 4 – 5 cm haben, und das Gemüse sollte in der Mitte sitzen, mit einem geschlossenen Reisrand drum herum und einer Norischicht um den Reis.

Variante: Der Füllung von Norirollen sind keine Grenzen gesetzt, sehr häufig wird auch fermentiertes Gemüse verwendet.

Gurken-Algen-Salat

1 Salatgurke,
   in feine Scheiben geschnitten
Salz
200 ml Wasser
1 cm getrockneter Kombu
4 cm getrocknete Wakame
etwas Wasser zum Einweichen
   der Wakame
1 EL Reisessig
1 TL Shoyu

➤ Gurkenscheiben gut einsalzen und mit einem Gewicht beschwert 30 – 60 Minuten stehen lassen. Die entstandene Flüssigkeit abgießen.
➤ Wasser und Kombu bedeckt etwa 30 Minuten köcheln lassen und Kombu entfernen. Wakame in Wasser einweichen und nach etwa 15 Minuten in kleine Stücke schneiden.
➤ Gurke und Wakame gut mischen.
➤ Das gut abgekühlte Kombu-Kochwasser, das Wakame-Einweichwasser, Essig und Sojasauce mischen und über die Gurke geben. Abschmecken und vor dem Servieren kurz ziehen lassen.

Bohnendessert

2 Tassen getrocknete
   Azukibohnenkerne
Wasser zum Einweichen und Garen
   der Bohnen
2 gehäufte EL Agar-Agar-Flocken
etwas kaltes Wasser zum Einweichen
   des Agar-Agars
3 Tassen Wasser
1 Prise Salz

➤ Die Bohnen nach dem Grundrezept (siehe Seite 11) 35 – 45 Minuten garen und in einer Küchenmaschine pürieren.
➤ Agar-Agar mit etwas kaltem Wasser verrühren und einige Minuten einweichen.
➤ Wasser zum Kochen bringen. Salz und Bohnenpüree einrühren. Agar-Agar mit einem Schneebesen in die kochende Masse einrühren und einige Minuten köcheln lassen, bis das Agar-Agar gut aufgelöst ist.
➤ Etwa 3 cm hoch in eine feuerfeste Form füllen, abkühlen und erstarren lassen und in kleine Rechtecke schneiden.

Variante: Zu Süßen nach Belieben 1 – 2 EL Gerstenmalz oder Reismalz in das Wasser mischen.

Indien

Goldener Reis

½ – ¾ TL Safranfäden
etwas heißes Wasser zum Einweichen
  des Safrans
3 – 4 EL Erdnussöl oder Kokosöl
1 Gewürznelke
6 grüne Kardamomkapseln,
  leicht zerdrückt
3 – 5 etwa 3 cm große Stücke
  schwarzer Zimt
2 – 4 Knoblauchzehen,
  geschält und klein gehackt
2 Tassen Vollkorn-Basmatireis,
  gut gewaschen und abgetropft
700 ml Wasser
½ Tasse Sultaninen
¾ Tasse Cashewnüsse
¼ TL Salz

➤ Safran in etwas heißem Wasser etwa 30 Minuten einweichen.
➤ Öl in einem großen, flachen Topf erhitzen und Nelke, Kardamomkapseln und Zimt darin unter Rühren etwa 30 Sekunden sautieren, bis die Samen aufplatzen und zu springen beginnen.
➤ Knoblauch zugeben und einige Sekunden mitsautieren, bis er glasig ist (nicht braun werden lassen). Reis zugeben und ebenfalls unter Rühren mitsautieren, bis er glasig ist.
➤ Wasser angießen, Safran mit Einweichwasser einrühren, Sultaninen und Nüsse zugeben und zum Kochen bringen. Salzen und von der Herdplatte nehmen.
➤ Bedeckt im vorgeheizten Backofen bei 200 °C etwa 35 Minuten auf der mittleren Schiene garen. Mit einem Holzlöffel umrühren, sofort wieder bedecken und einige Minuten ruhen lassen.

Variante: Reis kann auf diese Art mit unterschiedlichen Zutaten zubereitet werden. In der genannten Zutatenmischung wird er gern zusammen mit knusprig gebratenen feinen Zwiebelhalbmonden serviert und mit leicht sautiertem Cashewnussbruch bestreut.

Linsen-Bohnen-Topf

1 Tasse halbierte rote Linsen
  (Masoor Dal)
1 Tasse geschälte, halbierte
  Mungbohnen (Mung Dal)
4 cm Ingwerwurzel,
  geschält und klein gehackt
8 Knoblauchzehen,
  geschält und klein gehackt
4 – 6 frische grüne Chilischoten,
  klein gehackt
etwa 4 Tassen Wasser
eventuell etwas kaltes Wasser
2 EL Erdnussöl oder Kokosöl
2 EL Kreuzkümmel, gemahlen,
  oder Kreuzkümmelsamen
2 Eiertomaten,
  enthäutet und püriert
1 TL Kurkuma, gemahlen
10 Curryblätter
¼ TL Salz

➤ Linsen und Bohnen nach dem Grundrezept (siehe Seite 11) einweichen und blanchieren. Hülsenfrüchte mit Ingwer, 4 Knoblauchzehen, 2 Chilischoten und dem Wasser im normalen Topf 120 – 150 Minuten bedeckt weich und sämig kochen. Zwischendurch die Flüssigkeitsmenge kontrollieren und gegebenenfalls etwas kaltes Wasser nachfüllen.

➤ Öl in einer Pfanne erhitzen und darin die restlichen Chilischoten und Knoblauchzehen sowie Kreuzkümmel leicht sautieren, bis der Knoblauch glasig – nicht braun – ist.

➤ Tomaten, Kurkuma, Curryblätter und Salz einrühren und unter die gegarten Hülsenfrüchte mischen. Etwa 5 Minuten köcheln lassen.

Eines Abends kamen wir sehr spät, müde und hungrig in einer kleinen Stadt in Sri Lanka an. Glücklicherweise fanden wir ein kleines Restaurant, das uns noch etwas anbieten konnte. Wir freuten uns auf ein lecker aussehendes Currygericht, das unserer Meinung nach aus grünen Bohnen zubereitet war. Unfreiwillig trugen wir dann sehr zur Unterhaltung der anderen Gäste bei, als wir leider erst nach dem ersten, etwas zu hastig hinuntergeschluckten Bissen merkten, dass es sich bei den vermeintlichen Bohnen um grüne Chilischoten handelte ...

Exotischer Gemüsetopf

3 frische Maiskolben,
in etwa 4 cm dicke
Scheiben geschnitten
etwa 10 cm Jamswurzel,
geschält und in etwa 4 cm
große Würfel geschnitten
2 Kartoffeln,
in etwa 4 cm große
Würfel geschnitten
Salz
¼ TL Kurkuma, gemahlen
etwas Wasser
2 Tassen Okra, entstielt
7 Kassawablätterstiele,
in etwa 4 cm lange
Stücke geschnitten
1 grüne, unreife Banane
(möglichst ungeschält),
schräg in etwa 4 cm dicke
Scheiben geschnitten
1 EL Kichererbsenmehl
150 ml dünne Kokosmilch
1 frische grüne Chilischote,
fein gehackt
2 cm Ingwerwurzel,
geschält und fein gehackt
1 EL Palmzucker
1 ½ EL Tamarindenkonzentrat
etwas warmes Wasser zum Auflösen
von Palmzucker und Tamarinde
½ EL Chilipulver
100 ml dicke Kokosmilch

➤ Mais, Jamswurzel und Kartoffeln mit ¼ TL Salz und Kurkuma in so viel Wasser, dass das Gemüse gerade bedeckt ist, 10 – 15 Minuten köcheln lassen, bis das Gemüse halbweich ist.

➤ Okra, Kassawablätterstiele und Banane zugeben und leicht bedeckt 15 – 20 weitere Minuten köcheln lassen, bis das Gemüse weich ist.

➤ Kichererbsenmehl in die dünne Kokosmilch einrühren und gut in das Gemüse einmischen.

➤ Chilischote mit Ingwer im Mörser zu einer Paste zerreiben. Palmzucker und Tamarinde in etwas warmem Wasser auflösen. Zusammen mit Chilipulver in das Gemüse einrühren. Eventuell mit Salz abschmecken und einige Minuten köcheln lassen.

➤ Dicke Kokosmilch gut einrühren und den Topf sofort vom Feuer nehmen.

Nussiger Kürbis

2 Zwiebeln,
 geschält, eine klein gehackt,
 die andere in halbierte
 Halbmonde geschnitten
4 EL Erdnussöl oder Kokosöl
1 EL Kichererbsenmehl
½ Tasse Kokosnuss,
 frisch gerieben, ersatzweise
 tiefgekühlte geriebene Kokosnuss
1 EL Koriandersamen
1 EL Kreuzkümmelsamen
1 EL Mohnsamen
1 EL gelber Sesam, ungeschält
1 EL Erdnüsse,
 geschält (möglichst in
 den Schalen geröstet)
¼ Tasse Mandeln
¼ Tasse Cashewnussbruch
¼ Zimtstange
6 frische grüne Chilischoten,
 klein gehackt
10 Knoblauchzehen,
 geschält und klein gehackt
4 cm Ingwerwurzel,
 geschält und klein gehackt
etwas Wasser
6 Curryblätter
¼ TL Kurkuma, gemahlen
¼ TL Salz
400 ml Kokosmilch
2 Eiertomaten,
 enthäutet und püriert
200 ml Wasser
Saft einer halben Zitrone,
 frisch gepresst
1 kg Muskatkürbis
 (feste, nicht zu süße Sorte),
 geschält, entkernt und in etwa
 4 cm große Würfel geschnitten

➤ Zwiebelhalbmonde in 1 EL Öl langsam unter gelegentlichem Rühren goldbraun rösten.

➤ Kichererbsenmehl in einer mäßig heißen, ungefetteten Pfanne unter Rühren vorsichtig leicht rösten, mit Kokosnuss, Samen, Nüssen, Zimt, der klein gehackten Zwiebel, Chilischoten, Knoblauch, Ingwer und etwas Wasser in der Küchenmaschine zu einer Paste vermahlen.

➤ In einem großen, tiefen Topf das restliche Öl leicht erhitzen und darin die Paste, Curryblätter, Kurkuma und Salz vorsichtig unter Rühren einige Sekunden sautieren.

➤ Die geröstete Zwiebel und die Kokosmilch zugeben und zum Kochen bringen.

➤ Tomaten, das Wasser, Zitronensaft und Kürbis zugeben. Leicht bedeckt unter gelegentlichem Rühren etwa 15 Minuten köcheln, bis der Kürbis weich und die Sauce etwas eingekocht ist.

Sago-Fritters

100 g Sago
½ TL Salz
500 ml warmes Wasser
1 große, klebrige Kartoffel,
*   am Vortag in der Schale gegart*
25 g Kokosraspel
1 kleine Zwiebel,
*   geschält und fein gehackt*
2 frische grüne Chilischoten,
*   fein gehackt*
2 – 3 Blätter getrocknete Minze,
*   fein zerrieben*
1 EL Zitronensaft, frisch gepresst
½ TL schwarzer Pfeffer, gemahlen
etwa 1 l Erdnussöl zum Frittieren

➤ Sago mit Salz in warmem Wasser 30 Minuten einweichen, dann abschütten. Kartoffel schälen und pürieren.
➤ Kokosraspel in einer nicht zu heißen, ungefetteten Pfanne vorsichtig unter Rühren rösten, bis sie eine goldene Farbe angenommen haben.
➤ Alle Zutaten gut mischen, aus dem Teig kleine Bällchen mit Durchmessern von jeweils etwa 4 cm formen und knusprig frittieren.
➤ Mit Tomatensauce servieren (siehe Seite 40 oder Seite 172).

Gebratener Spinat

500 g Spinat
4 EL Erdnussöl oder Kokosöl
2 Zwiebeln,
*   geschält und in feine*
*   Halbmonde geschnitten*
4 cm Ingwerwurzel,
*   geschält und fein gehackt*
½ TL Kreuzkümmelsamen
2 Knoblauchzehen,
*   geschält und fein gehackt*
½ TL Kreuzkümmel, gemahlen
½ TL schwarzer Kreuzkümmel
½ TL Koriander, gemahlen
½ TL Chilipulver
¼ TL Salz
½ TL Kurkuma, gemahlen

➤ Spinat 1 Sekunde blanchieren, abtropfen lassen, leicht ausdrücken und grob hacken.
➤ Öl in einer Pfanne erhitzen und Zwiebeln darin knusprig braun rösten. Ingwer zugeben und kurz mitrösten. Kreuzkümmelsamen 1 Minute mitrösten und Knoblauch einige Sekunden mitsautieren, bis er glasig ist.
➤ Kreuzkümmel, schwarzen Kreuzkümmel, Koriander und Chili einrühren. Nach 1 Minute vorsichtigem Rösten vom Feuer nehmen, Salz und Kurkuma einrühren und sofort den Spinat einmischen.
➤ Zurück auf den Herd geben und bei nicht zu hoher Temperatur bedeckt 1 Minute schmoren lassen. Unbedeckt 1 weitere Minute unter Rühren garen.

Mango-Gewürz-Pickles

2,5 kg grüne, unreife Mangos
250 g Salz
100 g Bockshornkleesamen
100 g Fenchelsamen
45 g Chilipulver
45 g Zwiebelsamen
45 g Kurkuma, gemahlen
45 g getrocknete rote Chilischoten
30 g schwarze Pfefferkörner
etwa 1,5 l Senföl

➤ Die ungeschälten Mangos von den Steinen und in etwa 2 cm große Stücke schneiden.

➤ Salz und Gewürze in einer großen Schüssel gut mischen. 250 ml des Senföls zugeben und rühren, bis alles gut vermischt ist und die Mischung feucht wird.

➤ Den Boden eines Glases mit einer kleinen Menge der Gewürzmischung bedecken, Mangos zur restlichen Gewürzmischung in die Schüssel geben, mit den Händen gut vermischen und einreiben. Die Mischung in das Glas füllen und fest verschließen.

➤ 2 – 3 Tage in die Sonne stellen, dabei zwei- bis dreimal täglich schütteln. Am vierten Tag das restliche Öl zugeben, sodass die Mangostückchen bedeckt sind.

➤ 3 – 4 weitere Tage in die Sonne stellen, dann an einem warmen Ort 1 Monat fermentieren lassen.

➤ Zu jeder Mahlzeit oder auch als kleine Vorspeise mit frittierten oder gebackenen Papadam servieren.

Würzige rohe Tomatenbeigabe

4 reife Eiertomaten,
klein geschnitten
4 Knoblauchzehen, geschält
1 frische rote Chilischote,
klein geschnitten
4 EL Korianderblätter,
klein geschnitten
¼ TL Salz

➤ Alle Zutaten in der Küchenmaschine pürieren, dann durch ein feines Sieb streichen und in Portionsschälchen füllen.

Rohkost
mit Koriander

2 große Zwiebeln,
  geschält und in sehr feine halbierte
  Halbmonde geschnitten
½ Salatgurke,
  in sehr feine Stäbchen geschnitten
2 Tomaten,
  geviertelt und quer in feine
  Scheiben geschnitten
4 EL Korianderblätter, grob gehackt
¼ TL Salz
Saft einer halben bis ganzen Zitrone,
  frisch gepresst
1 Prise schwarzer Pfeffer, gemahlen,
  oder 1 Prise Chilipulver

➤ Zwiebeln, Gurke und Tomaten
mischen. Korianderblätter zugeben.
➤ Salz im Zitronensaft auflösen. Pfeffer
oder Chilipulver hinzufügen und gut
in das Gemüse einmischen. Vor dem
Servieren kurz ziehen lassen.

Würziger Obstsalat

1 Guave,
  geschält und entkernt
1 kleine, reife Mango,
  geschält und entsteint
¼ Honigmelone,
  geschält und entkernt
1 Apfel, entkernt
1 Tangerine, geschält
2 EL Orangensaft, frisch gepresst
1 EL Zitronensaft, frisch gepresst
3 TL Palmzucker
¼ TL Kreuzkümmel, gemahlen
1 Prise Chilipulver
1 Prise schwarzer Pfeffer, gemahlen
1 Prise Salz
einige Blätter Minze

➤ Obst in Würfel schneiden.
➤ Aus Orangensaft, Zitronensaft,
Zucker, Kreuzkümmel, Chili, Pfeffer
und Salz eine Sauce rühren und über
das Obst gießen.
➤ Mit Minzeblättern bestreuen und
nach Belieben auf leicht zerschlagenen
Eiswürfeln servieren.

Sri Lanka

Roter Kokosnussreis

etwa 500 ml Kokosöl
1 Zwiebel,
* geschält und klein gehackt*
2 Tassen roter Reis aus Sri Lanka
3 Tassen Wasser
1 Prise Salz
2 etwa 3 cm große Stücke
* schwarzer Zimt*
½ Tasse Kokosnuss,
* frisch gerieben, ersatzweise*
* tiefgekühlte geriebene Kokosnuss*
2 ungewürzte Papadam,
* in Streifen geschnitten*

➤ In einem großen, tiefen Topf 2 EL Öl erhitzen und die Zwiebel darin sautieren, bis sie eine goldene Farbe angenommen hat.

➤ Reis gut nach Steinchen durchsuchen, waschen und abtropfen lassen. Dann den Reis zur Zwiebel geben und etwa 5 Minuten mitsautieren.

➤ Mit Wasser aufgießen und zum Kochen bringen. Salz und Zimt zugeben und bedeckt etwa 30 Minuten köcheln lassen.

➤ Kokosraspel über den Reis streuen und 5 weitere Minuten bedeckt köcheln lassen. Mit einem Holzlöffel umrühren und einige Minuten bedeckt ziehen lassen.

➤ Die Papadam im restlichen Kokosöl frittieren und mit dem Reis servieren.

➤ Traditionell wird der Reis für den täglichen Bedarf mit nur wenig Salz in viel Wasser gekocht, welches am Ende der Garzeit abgegossen und getrunken wird. Diese »Reismilch« wird vor allem Säuglingen sowie Nieren- und Blasenkranken gegeben.

Linsen mit Spinat

2 Tassen halbierte rote Linsen
Wasser zum Garen der Linsen
250 g Spinat,
  gut abgetropft und
  sehr grob geschnitten
2 EL Kokosöl
¼ TL Salz
⅛ TL Zimt, gemahlen
⅛ TL Gewürznelken, gemahlen
1 Prise Muskatnuss, gerieben
½ TL schwarzer Pfeffer, gemahlen
1 ½ TL Kurkuma, gemahlen
3 frische Curryblätter,
  ersatzweise getrocknet
½ Stange Zimt

➤ Die Linsen nach dem Grundrezept (siehe Seite 11) etwa 20 Minuten im Dampfdrucktopf oder 45 – 90 Minuten im normalen Topf garen. Abschütten, das Kochwasser auffangen und die Linsen gut abtropfen lassen.

➤ Den Spinat kurz blanchieren und abgießen.

➤ Öl in einem großen, flachen Topf erhitzen. Salz, Zimt, Nelken, Muskat und Pfeffer darin unter Rühren 1 Minute vorsichtig rösten.

➤ Kurkuma einrühren, danach Linsen und Spinatblätter zugeben und unter Rühren kurz mitsautieren.

➤ Curryblätter und Zimtstange zugeben und mit etwas Linsen-Kochwasser angießen. Leicht bedeckt unter gelegentlichem Rühren 20 – 30 Minuten leicht köcheln lassen, bis das Gericht sämig ist.

Würzige Kochbananen

1 TL schwarze Senfsaat
2 EL Kokosöl
1 große Zwiebel,
  geschält und in halbierte
  Halbmonde geschnitten
4 mittelreife Kochbananen,
  geschält und schräg in etwa 5 mm
  dicke Scheiben geschnitten
1 TL Kurkuma, gemahlen
1 Prise Salz
1 Prise schwarzer Pfeffer, gemahlen
etwas Wasser

➤ Senfsaat in einer leicht erhitzten, ungefetteten Pfanne unter Rühren langsam und vorsichtig rösten.

➤ Öl in einem großen, flachen Topf erhitzen und Zwiebel darin sautieren, bis sie eine goldene Farbe angenommen hat.

➤ Kochbananen, Gewürze und etwas Wasser vorsichtig einrühren und bedeckt unter gelegentlichem Rühren bei sehr geringer Hitze 20 – 30 Minuten schmoren lassen, bis die Bananen weich sind.

Säuerliche Jackfrucht

10 Körner schwarzer Pfeffer
4 Gewürznelken
4 grüne Kardamomkapseln
1 getrocknete Chilischote
¾ Zimtstange
15 Knoblauchzehen,
    geschält und fein gehackt
4 cm Ingwerwurzel,
    geschält und fein gehackt
3 frische grüne Chilischoten,
    fein gehackt
4 EL Kokosöl
2 Zwiebeln,
    geschält und fein gehackt
1 Tasse Kokosnuss,
    frisch gerieben, ersatzweise
    tiefgekühlte geriebene Kokosnuss
1 TL Kurkuma, gemahlen
1 Babyjackfrucht (etwa 1 kg),
    geschält, entkernt, in 3 – 4 cm
    große Würfel geschnitten
¼ TL Salz
etwa 600 ml Wasser
2 große Tomaten,
    enthäutet und püriert
1 – 2 EL Tamarindenkonzentrat,
    in etwas warmem Wasser aufgelöst

➤ Pfeffer, Nelken, Kardamom und ge-
trocknete Chilischote in einer Gewürz-
mühle oder Kaffeemühle fein mahlen.
Die Zimtstange getrennt mahlen.
➤ Knoblauch, Ingwer und frische
Chilischoten im Mörser zu einer Paste
zerreiben.
➤ Öl in einem großen, flachen Topf
erhitzen und Zwiebeln darin glasig
sautieren. Die gemahlenen Gewürze
zugeben und 1 Minute vorsichtig unter
Rühren rösten. Dann die Knoblauch-
Ingwer-Chili-Paste zugeben.
➤ Nach 1 Minute Kokosraspel,
Kurkuma und Zimt einrühren und mitsautieren, bis sich das Öl absetzt.
➤ Jackfrucht und Salz gut einmischen, das Wasser zugeben und etwa
30 Minuten bedeckt köcheln lassen.
Tomaten und Tamarinde zugeben und
leicht bedeckt 15 – 20 weitere Minuten köcheln lassen, bis die Jackfrucht
weich und die Sauce etwas eingedickt
ist.

Kürbis mit Cashewnüssen

1 TL schwarze Senfsaat
1 TL Kreuzkümmelsamen
2 EL Kokosöl
1 große Zwiebel,
geschält und klein gehackt
1 frische rote Chilischote, fein gehackt
3 Tassen Butternut-Kürbis,
geschält, halbiert, entkernt
und in etwa 5 mm dicke
Scheiben geschnitten
etwa 15 frische Curryblätter,
ersatzweise getrocknet
1 TL Kurkuma, gemahlen
¼ TL Salz
etwas Wasser
1 Tasse Cashewnüsse
400 ml dicke Kokosmilch

➤ Senfsaat und Kreuzkümmel in einer ungefetteten, leicht erhitzten Pfanne nacheinander langsam und vorsichtig unter Rühren leicht rösten.
➤ Öl in einem großen Topf erhitzen und Zwiebel darin goldbraun sautieren. Chilischote und geröstete Samen einrühren und kurz mitsautieren.
➤ Kürbis mit Curryblättern, Kurkuma und Salz in wenig Wasser (sodass der Kürbis gerade bedeckt ist) 5 – 10 Minuten köcheln lassen, bis der Kürbis halbweich und das Wasser verkocht ist.
➤ Öl mit Gewürzen zugeben und einige Minuten unter Rühren sautieren. Cashewnüsse und Kokosmilch zugeben und leicht bedeckt 5 – 10 weitere Minuten köcheln lassen, bis der Kürbis gar und die Sauce etwas eingekocht ist.

Grünes Blattgemüse mit Kokosnuss

500 g Zimtbaumblätter (Kassia)
oder Passionsfruchtblätter,
ersatzweise Brunnenkresse
oder glatte Petersilie
1 rote Zwiebel,
geschält und klein geschnitten
1 – 2 frische grüne Chilischoten,
klein geschnitten
2 EL Zitronensaft, frisch gepresst
½ TL Kurkuma, gemahlen
¼ TL Salz
etwas Wasser
2 – 3 EL Kokosnuss,
frisch gerieben, ersatzweise
tiefgekühlte geriebene Kokosnuss

➤ Blätter fein zerpflücken und mit Zwiebel, Chili, Zitronensaft, Kurkuma und Salz in einen großen, flachen Topf geben. Etwas Wasser darüberträufeln und umrühren. Bedeckt bei mittlerer Hitze etwa 5 Minuten schmoren.
➤ Kokosraspel zugeben und bei sehr geringer Hitze Blätter wenden und schütteln, sodass die Kokosraspel das gesamte Wasser aufnehmen können.

Grün-weiß-rote Beigabe

1 Bund Kotokol,
  ersatzweise glatte Petersilie
1 kleine Tomate
1 rote Zwiebel, geschält
1 frische rote Chilischote
1 Tasse Kokosnuss,
  frisch gerieben, ersatzweise
  tiefgekühlte geriebene Kokosnuss
1 EL Zitronensaft, frisch gepresst
¼ TL Salz

➤ Blätter und Tomate klein hacken, Zwiebel und Chilischote sehr fein hacken und mit den restlichen Zutaten gut vermischen. Vor dem Servieren kurz ziehen lassen.

➤ Zu allen Gerichten als Rohkostbeigabe servieren.

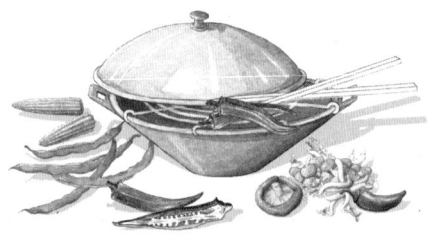

Tagelang waren wir in den javanischen Bergen unterwegs, ohne eine Möglichkeit gefunden zu haben, gekochtes Gemüse zu essen. Nach stundenlangem Suchen fanden wir eines Abends schließlich ein wunderschön gelegenes Restaurant mit großer Gartenterrasse. Leider konnten wir der Bedienung nicht verständlich machen, dass wir Gemüse essen wollten. Wir gingen mit in die Küche und fanden im Kühlschrank frisches Gemüse und Tempeh. Nachdem wir fast den kompletten Kühlschrank leergeräumt und alles auf einen Tisch gelegt hatten, versuchten wir per Zeichensprache zu erklären, dass wir das nun gerne gekocht hätten. Mittlerweile hatten sich etwa zehn junge Leute in der Küche versammelt, die alle viel Spaß hatten, aber nicht so recht wussten, was sie tun sollten. Schließlich ergriff mein Partner ein Messer und begann das Gemüse zu schneiden. Mit großen Augen schauten alle zu, offenbar erstaunt darüber, wie professionell und schnell er das Gemüse schneiden konnte. Und dann begannen alle mitzuhelfen. Sie entzündeten eine Feuerstelle und stellten einen enormen Wok darauf. Riesengroße Flammen schnellten am Rand des Woks empor, und mein Partner wurde aufgefordert, das Gemüse zu kochen. Unter großem Gelächter schaffte er es gerade so, das Gemüse zuzubereiten, bevor er vor der Hitze des Feuers und dem Gewicht des Woks kapitulieren und nach draußen flüchten musste. Als uns das Essen schließlich auf der Terrasse serviert wurde, waren wir froh, uns wieder einmal richtig satt essen zu können, und freuten uns über das schöne Erlebnis in der Küche. Die ungeheure Rechnung, die uns für unser selbst zubereitetes Essen präsentiert wurde, konnte uns daher nicht aus der Fassung bringen.

Eingelegte Limetten

8 unbehandelte Limetten
etwa 8 EL Salz

➤ Limetten längs vierteln, dabei nicht ganz durchschneiden, sondern nur bis auf etwa 1 cm, sodass die Viertel noch verbunden sind.
➤ In jede Limette etwa 1 EL Salz füllen und in ein Glas schichten, dieses gut verschließen und etwa 3 Wochen an einem warmen Ort fermentieren lassen. Jeden Tag so lange wie möglich in die Sonne stellen. Im Kühlschrank sind diese Pickles mehrere Monate haltbar.
➤ Zum Servieren Limetten abwaschen, in etwa 1 cm große Stücke schneiden, mit fein gehackten, frischen roten Chilischoten und Schalotten oder Zwiebeln vermischen und zu jeder Mahlzeit servieren.

Reis-Kokos-Cashew-Schnittchen

1 Tasse Reismehl
2 Tassen Kokosmilch
¼ Tasse Palmzucker
etwas warmes Wasser
½ – 1 TL Kardamom, gemahlen
1 Prise Salz
½ Tasse Cashewnussbruch,
* grob gehackt*
1 EL Kokosöl
einige Cashewnüsse

➤ Reismehl in einen Topf geben und Kokosmilch langsam unter Rühren einfließen lassen, ohne dass Klümpchen entstehen.
➤ Palmzucker in etwas warmem Wasser auflösen und zur Kokosmilch geben. Kardamom und Salz zugeben und unter ständigem Rühren langsam zum Kochen bringen. Bei geringer Hitze unter ständigem Rühren einige Minuten leicht köcheln lassen, bis die Masse andickt und sich vom Topfrand löst.
➤ Cashewnussbruch untermischen, die Masse in eine gefettete, flache Form füllen, gut abkühlen lassen und in beliebige Formen schneiden oder pressen.
➤ Vor dem Servieren mit den ganzen Cashewnüssen garnieren.

Thailand

Zitroniger Kokosreis

2 EL Erdnussöl
2 Tassen Vollkorn-Jasminreis
4 Tassen dünne Kokosmilch
2 cm Ingwerwurzel,
  geschält und klein gehackt
2 Stängel Zitronengras,
  in sehr feine Streifen geschnitten
1 TL Shoyu
4 EL Erdnüsse,
  geschält und fein gehackt
  (möglichst in den Schalen geröstet)

➤ Öl in einem nicht zu großen Topf
erhitzen. Reis gut waschen, abtropfen
lassen und im Öl einige Minuten unter
Rühren rösten, bis er glasig ist.
➤ Kokosmilch angießen, Ingwer und
Zitronengras zugeben und zum Kochen bringen. Shoyu hineinträufeln
und 35 – 45 Minuten bedeckt köcheln
lassen.
➤ Vor dem Servieren mit einem Holzlöffel umrühren, bedeckt kurz ziehen
lassen und mit Erdnüssen bestreuen.

Frittierte Mungbohnen-Bällchen

1 ½ Tassen geschälte Mungbohnen
Wasser zum Einweichen der Bohnen
4 EL Palmzucker
1 EL Shoyu
2 EL Weizenvollkornmehl
4 TL rote Gewürzpaste
  (siehe Seite 97)
2 Limettenblätter,
  in sehr feine Streifen geschnitten
etwa 1 l Erdnussöl
  oder Sojaöl zum Frittieren
6 EL Reisessig oder Kokosessig
½ TL Salz

➤ Bohnen über Nacht in Wasser einweichen, abschütten, waschen und im
Mörser zu einer Paste zerreiben.
➤ 1 TL Palmzucker in Shoyu auflösen.
Nacheinander Mehl, Gewürzpaste,
Palmzucker-Shoyu-Mischung und
Limettenblätter gut in die Bohnenpaste
einmischen, walnussgroße Bällchen
formen (dabei nicht zu fest drücken)
und diese knusprig frittieren, bis sie
eine goldene Farbe angenommen
haben.
➤ Den restlichen Palmzucker mit
Essig und Salz in einem kleinen Topf
langsam unter Rühren erhitzen, bis
der Palmzucker aufgelöst ist, dann
abkühlen lassen. Als Dip zu den
Bohnenbällchen servieren.

In der Schale gegrillte Süßkartoffeln und Bananen

4 dünne, lange Süßkartoffeln
4 kleine, nicht zu reife Bananen,
ungeschält

➤ Bananen und Süßkartoffeln längs leicht einschneiden. Auf Holzkohle langsam und vorsichtig weich grillen.

Rote Gewürzpaste

10 Körner weißer Pfeffer
7 getrocknete rote Chilischoten,
fein zerkleinert
1 EL Schalotten,
geschält und fein gehackt
1 EL unbehandelte Limettenschale,
fein gehackt
2 EL Knoblauchzehen,
geschält und fein gehackt
2 TL Korianderwurzel, fein gehackt
2 TL Galangawurzel, fein gehackt
2 TL Zitronengras, fein gehackt

➤ Pfefferkörner mahlen. Restliche Zutaten mit dem Pfeffer im Mörser zerreiben.
➤ Gut verschlossen und gekühlt ist die Paste 1 – 2 Wochen haltbar. Man kann sie auch tiefgefrieren.

Grüne Gewürzpaste

1 EL Zitronengras, fein gehackt
1 EL Korianderwurzel, fein gehackt
10 frische grüne Chilischoten,
fein gehackt
1 TL Galangawurzel, fein gehackt
2 TL Schalotten,
geschält und fein gehackt
2 TL Knoblauchzehen,
geschält und fein gehackt
1 TL unbehandelte Limettenschale,
fein gehackt
1 EL schwarze Pfefferkörner
1 TL Koriandersamen
1 TL Kreuzkümmel, gemahlen

➤ Zitronengras, Koriander, Chili, Galanga, Schalotten, Knoblauch und Limettenschale mit den übrigen Zutaten im Mörser zu einer Paste zerreiben.
➤ In einem verschlossenen Glas ist die Paste im Kühlschrank 1 – 2 Wochen haltbar. Man kann sie auch tiefgefrieren.

Kürbispfanne

2 EL Erdnussöl oder Sojaöl
1 Knoblauchzehe,
geschält und fein gehackt
4 frische rote Chilischoten,
fein gehackt
½ TL Palmzucker
4 EL Gemüsebrühe oder Wasser
3 Limettenblätter, grob gehackt
750 g Butternut-Kürbis (feste Sorte),
geschält, entkernt und in etwa
2,5 cm lange und 6 mm breite
Stücke geschnitten
2 TL Shoyu
20 Blätter (rotblättriges)
thailändisches Basilikum

➤ Öl in einem Wok – ersatzweise in einer großen Pfanne – erhitzen und Knoblauch und Chilischoten darin leicht sautieren, bis sie eine goldene Farbe angenommen haben.
➤ Palmzucker in der Gemüsebrühe oder im Wasser auflösen. Nacheinander Limettenblätter, Kürbis, Shoyu und Brühe unter ständigem Rühren zur Knoblauch-Chili-Mischung geben. So lange weiterrühren, bis der Kürbis weich und die Kochflüssigkeit eingedickt ist.
➤ Basilikumblätter einrühren und sofort servieren.

Grüne Pfanne

8 Tassen junger
chinesischer Brokkoli
(400 – 500 g)
1 Bund Frühlingszwiebeln
1 Bund grüne Knoblauchschlotten
(Schnittknoblauch,
Chinesischer Schnittlauch)
2 Tassen dünner grüner
thailändischer Spargel
(etwa 250 g)
4 EL Erdnussöl
2 – 4 frische rote oder grüne
Chilischoten, schräg in etwa 2 mm
dicke Scheiben geschnitten
4 Knoblauchzehen,
geschält und gerieben
1 Tasse frische Goldnadelpilze
2 Tassen Zuckerschoten
½ EL Shoyu

➤ Blätter und Stiele des chinesischen Brokkolis, Frühlingszwiebeln und Knoblauchgrün in etwa 7 cm lange Stücke schneiden. Brokkoli und Spargel sehr kurz blanchieren.
➤ Öl in einem Wok – ersatzweise in einer großen Pfanne – erhitzen und Chilischoten und Knoblauchzehen darin unter Rühren einige Sekunden sautieren.
➤ Brokkoli, Spargel, Frühlingszwiebeln und Pilze zugeben und einige Sekunden rühren, bis das Gemüse knackig und bissfest ist. Nicht zu weich garen!
➤ Zuckerschoten, Knoblauchgrün und Shoyu einrühren, vom Feuer nehmen und sofort servieren.

Gemüse in zitronig scharfer Kokossauce

2 Tassen Meterbohnen,
   in etwa 5 cm lange Stücke
   geschnitten (etwa 200 g),
   ersatzweise grüne Bohnen
2 EL Erdnussöl oder Sojaöl
2 EL grüne Gewürzpaste
   (siehe Seite 97)
400 ml dicke Kokosmilch
300 ml Gemüsebrühe oder Wasser
8 Garden Eggs
   (runde thailändische Auberginen),
   halbiert
8 Babymaiskolben
2 Tassen Kokoscreme
½ TL Palmzucker,
   in etwas warmem Wasser aufgelöst
¼ TL Salz
6 Limettenblätter, gehackt
4 – 6 frische rote oder grüne
   Chilischoten
30 Blätter (rotblättriges)
   thailändisches Basilikum

➤ Die Meterbohnen kurz blanchieren und abgießen. Öl in einem großen Topf erhitzen. Gewürzpaste einrühren, nach einigen Sekunden Kokosmilch und Gemüsebrühe oder Wasser zugießen und das Ganze unter Rühren zum Kochen bringen.

➤ Garden Eggs, Bohnen und ganze Maiskolben zugeben und bedeckt unter gelegentlichem Rühren 2 – 3 Minuten köcheln lassen. Kochtemperatur erhöhen und Kokoscreme in der Sauce auflösen.

➤ Palmzucker mit Salz, Limettenblättern und ganzen Chilischoten in die Sauce rühren, schnell zum Kochen bringen und köcheln lassen, bis das Gemüse bissfest knackig ist. Nicht zu weich kochen!

➤ Basilikum einrühren, von der Feuerstelle nehmen und sofort servieren.

Salat
mit Glasnudeln

4 Tassen Mungbohnenglasnudeln
  (etwa 400 g)
¾ Tasse getrocknete Judasohr-Pilze
warmes Wasser zum Einweichen
  von Nudeln und Pilzen
2 Schalotten,
  geschält, ersatzweise Zwiebeln
4 dünne Frühlingszwiebeln
einige Knoblauchschlotten
  (Schnittknoblauch,
  Chinesischer Schnittlauch)
2 Karotten
½ Salatgurke
1 frische rote Chilischote
1 frische grüne Chilischote
1 EL Erdnussöl
1 – 2 Knoblauchzehen,
  geschält und fein gehackt
100 ml Gemüsebrühe oder Wasser
¼ – ½ TL Palmzucker,
  in etwas warmem Wasser aufgelöst
¼ TL Salz
2 unbehandelte Limetten
  oder Zitronen
2 – 3 EL Erdnüsse,
  geschält (in Öl geröstet)
einige Salatblätter
einige Korianderblätter

➤ Glasnudeln und Pilze getrennt 30 Minuten in warmem Wasser einweichen.

➤ Schalotten in sehr feine Halbmonde, Frühlingszwiebeln schräg in etwa 4 cm große Stücke, Knoblauchgrün schräg in etwa 2 cm große Stücke und Karotten in sehr feine etwa 6 cm lange Stäbchen schneiden. Gurke schälen, längs halbieren und schräg in etwa 7 mm dicke Stücke schneiden. Chili längs halbieren, entkernen und in sehr feine schräge Streifen schneiden. Das Gemüse bis zur Verwendung sehr gut gekühlt halten.

➤ Öl in einem Wok leicht erhitzen, Knoblauchzehen darin vorsichtig unter Rühren 2 Sekunden sautieren, dann in eine große Schüssel gießen.

➤ In den Wok (ohne ihn auszuwaschen) die Gemüsebrühe oder das Wasser und die Pilze ohne Einweichwasser geben und einige Minuten unter Rühren köcheln lassen.

➤ Palmzucker mit Salz und die gut abgetropften Glasnudeln zu den Pilzen geben und sehr kurz einrühren. Dann in die Schüssel mit dem Knoblauchöl geben, gut durchmischen und etwas abkühlen lassen.

➤ Vorbereitetes Gemüse mit dem Saft einer Limette vermischen und vorsichtig unter die Nudeln heben.

➤ Auf Salatblättern, mit Limettenspalten garniert und mit Erdnüssen sowie Korianderblättern bestreut, sofort servieren.

Variante: Für diesen Salat können zusätzlich längs halbierte, blanchierte Babymaiskolben, blanchierter grüner thailändischer Spargel oder reife, etwas feste Tomatenspalten verwendet werden.

Süßreisperlen in Kokosmilch

5 – 10 frische Pandanblätter
3 Tassen Süßreismehl
etwa 350 ml Wasser
200 ml dicke Kokosmilch
½ Tasse Palmzucker
1 Prise Salz
1 Tasse Kokoscreme

➤ Pandanblätter im Mörser zerstampfen, sodass etwa 50 ml Saft entsteht.
➤ Süßreismehl mit dem Pandanblättersaft und etwa 150 ml Wasser zu einer festen Paste mischen und daraus erbsengroße Kügelchen formen. Diese in kochendes Wasser geben und wieder herausnehmen, sobald sie an die Oberfläche gestiegen sind.
➤ Kokosmilch mit 200 ml Wasser, Palmzucker und Salz unter Rühren langsam und vorsichtig zum Kochen bringen.
➤ Wenn der Palmzucker aufgelöst ist, die Reiskügelchen hineingeben und den Topf von der Feuerstelle nehmen, sobald die Sauce wieder zu kochen beginnt. Kokoscreme zugeben und vorsichtig rühren, bis sie aufgelöst ist.
➤ Gekühlt servieren.

Vietnam

Reisnudeln

750 g frische Reisbandnudeln,
in etwa 7 cm lange
Stücke geschnitten,
ersatzweise 500 g getrocknete
Reisbandnudeln
1 – 2 EL Sesamöl
2 rote Schalotten,
geschält und in dünne halbierte
Halbmonde geschnitten,
ersatzweise Zwiebeln
4 Knoblauchzehen,
geschält und klein gehackt
1 Tasse Mungbohnensprossen
100 ml Gemüsebrühe oder Wasser
2 Frühlingszwiebeln,
in dünne Scheiben geschnitten
½ EL Shoyu
1 EL Korianderblätter, grob gehackt
1 EL Minze, grob gehackt
2 EL Erdnüsse,
geschält und gehackt
(möglichst in den Schalen geröstet)

➤ Falls getrocknete Nudeln verwendet werden, diese 30 Minuten in warmem Wasser einweichen, dann in Stücke schneiden.
➤ Öl in einem Wok – ersatzweise in einer großen Pfanne – erhitzen und Schalotten und Knoblauch darin 1 – 2 Minuten unter Rühren leicht sautieren, bis sie eine goldene Farbe angenommen haben. Bohnensprossen zugeben und einige Sekunden mitsautieren. Gut abgetropfte Nudeln zugeben und unter Rühren 1 Minute mitsautieren.

➤ Brühe oder Wasser einrühren, aufkochen, Frühlingszwiebeln und Shoyu zugeben und kurz ziehen, aber nicht mehr kochen lassen.
➤ Vor dem Servieren mit Kräutern und Erdnüssen bestreuen.

Frittierter Tofu

500 g möglichst frischer Tofu,
in etwa 1,5 cm große
Würfel geschnitten
etwa 500 ml Sesamöl zum Frittieren
und Sautieren
4 Tassen Mungbohnenglasnudeln
(etwa 400 g)
2 Stangen Lauch,
in Ringe geschnitten
2 Stängel Zitronengras,
fein geschnitten
1 frische grüne Chilischote,
in Streifen geschnitten
1 frische rote Chilischote,
in Streifen geschnitten
3 Tassen frische Goldnadelpilze
3 Knoblauchzehen,
geschält und zerdrückt
6 Frühlingszwiebeln,
in etwa 5 cm große
Stücke geschnitten
etwa 100 ml Wasser
1 EL Shoyu

➤ Tofuwürfel frittieren, bis sie eine goldene Farbe haben, und auf Küchenpapier abtropfen lassen.
➤ Nacheinander jeweils ein Viertel der Glasnudeln ebenfalls golden frittieren und auf Küchenpapier abtropfen lassen. Nudeln auf Portionstellern anrichten.

➤ In einem Wok – ersatzweise in einer großen Pfanne – etwa 3 EL Öl erhitzen. Lauch und Zitronengras darin 1 Minute unter Rühren sautieren, Chilischoten zugeben und nach 1 Minute Pilze, Tofu, Knoblauch und Frühlingszwiebeln dazugeben.

➤ Das Wasser und Shoyu angießen, etwa 2 Minuten köcheln lassen, bis das Gericht etwas eingedickt ist, und über die Glasnudeln geben.

Wasserspinat mit Knoblauch

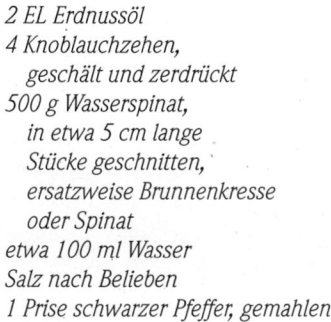

2 EL Erdnussöl
4 Knoblauchzehen,
  geschält und zerdrückt
500 g Wasserspinat,
  in etwa 5 cm lange
  Stücke geschnitten,
  ersatzweise Brunnenkresse
  oder Spinat
etwa 100 ml Wasser
Salz nach Belieben
1 Prise schwarzer Pfeffer, gemahlen

➤ Öl in einem Wok – ersatzweise in einer großen Pfanne – erhitzen und Knoblauchzehen darin 1 Minute sautieren. Wasserspinat zugeben und unter Rühren einige Minuten sautieren (falls Spinat verwendet wird, diesen zunächst kurz blanchieren und abgießen).

➤ Wasser angießen und 1 – 2 Minuten bedeckt köcheln lassen, bis der Wasserspinat bissfest weich ist.

➤ Mit Salz und Pfeffer abschmecken.

Bohnen-Kraut-Gemüse

3 Tassen grüne Bohnen
  (etwa 300 g)
1 ½ EL Sesamöl
4 cm Ingwerwurzel,
  geschält und fein gehackt
2 frische rote Chilischoten,
  fein gehackt
400 ml Kokosmilch
¼ TL Salz
1 ½ Tassen Weißkohl,
  fein geschnitten

➤ Die Bohnen kurz blanchieren und abgießen.

➤ Öl in einem großen Topf erhitzen und Ingwer und Chilischoten darin 1 Minute sautieren. Gut abgetropfte Bohnen zugeben und 1 Minute mitsautieren.

➤ Kokosmilch angießen und zum Kochen bringen, 3 Minuten köcheln lassen und Salz sowie Weißkohl zugeben. Leicht bedeckt 3 – 4 Minuten köcheln lassen, bis das Gemüse weich ist.

103

Exotischer Gemüse-Kokos-Topf

1 ½ Blätter getrocknete Tofuhaut
½ Tasse getrocknete Tapiokaschnitzel
   (Maniokschnitzel)
heißes Wasser zum Einweichen
   der Tofuhaut und Maniokschnitzel
etwa 500 ml Erdnussöl zum Frittieren
300 ml Kokosmilch
1 Tasse Süßkartoffeln,
   geschält und in 3 cm
   große Würfel geschnitten
1 Tasse Butternut-Kürbis (feste Sorte),
   geschält, entkernt und in etwa
   3 cm große Würfel geschnitten
1 Tasse Taro,
   geschält und in etwa 3 cm
   große Würfel geschnitten
¼ TL Salz
2 TL Palmzucker,
   in etwas warmem Wasser aufgelöst
1/3 Tasse Erdnüsse,
   geschält (möglichst in
   den Schalen geröstet)
1 frische rote Chilischote,
   in feine Scheiben geschnitten

➤ Tofuhaut und Maniokschnitzel getrennt in heißem Wasser etwa 20 Minuten einweichen, dann abgießen.
➤ Die Tofuhaut gut abtrocknen, in Streifen schneiden und in Öl knusprig frittieren.
➤ In einem großen Topf Kokosmilch, Maniokschnitzel, Süßkartoffel, Kürbis und Taro zum Kochen bringen, salzen und 15 – 20 Minuten bedeckt köcheln lassen, bis das Gemüse fast weich ist.
➤ Palmzucker mit Erdnüssen, Chilischote und Tofuhaut zum Gemüse geben. Bedeckt 5 weitere Minuten köcheln lassen.

Süßscharfer Salat

1 Eisbergsalat,
   in feine Streifen geschnitten
½ Salatgurke,
   in dünne Stäbchen geschnitten
2 Karotten,
   in dünne Stäbchen geschnitten
1 Tasse Mungbohnensprossen
1 EL Zitronensaft, frisch gepresst
1 TL Reisessig
½ EL Shoyu
3 Knoblauchzehen,
   geschält und zerrieben oder durch
   die Knoblauchpresse gegeben
1 TL Palmzucker,
   in etwas warmem Wasser aufgelöst
1 frische rote Chilischote, fein gehackt
1 EL Erdnüsse,
   geschält und gehackt
   (möglichst in den Schalen geröstet)
3 EL Korianderblätter, fein gehackt
3 EL Minze, fein gehackt

➤ Salat, Gurke und Karotten in einer großen Schüssel mischen. Bohnensprossen 1 Sekunde blanchieren, gut abtropfen und abkühlen lassen, dann zum Gemüse geben.
➤ Zitronensaft, Essig und Shoyu mischen und Knoblauch sowie Palmzucker zugeben. Chilischote und Erdnüsse in das Dressing rühren. Dressing vorsichtig in den Salat einmischen und Kräuter darüberstreuen.

Eingelegte Senfblätter

500 g Senfblätter,
in etwa 4 × 1 cm große
Stücke geschnitten,
ersatzweise Chinakohl
1 Bund Frühlingszwiebeln,
in etwa 4 cm lange
Stücke geschnitten
100 ml Reisessig
1 EL Salz

➤ Senfblätter und Frühlingszwiebeln in eine Glasschüssel geben.
➤ Essig mit Salz aufkochen, Salz auflösen, das Ganze abkühlen lassen und lauwarm über das Gemüse gießen. 2 – 3 Tage an einem nicht zu kühlen Ort fermentieren lassen, dann abwaschen und im Kühlschrank aufbewahren.

Gefüllte Süßreis- knödel in Ingwersirup

450 ml kochend heißes Wasser
2 Tassen Süßreismehl
¼ Tasse geschälte, halbierte
Mungbohnen (etwa 75 g)
1 Tasse plus 1 – 2 EL Reismalz
¼ Tasse gelber Sesam, ungeschält
(etwa 75 g)
7 cm Ingwerwurzel,
geschält und zerdrückt
300 ml Wasser

➤ Etwa 150 ml heißes Wasser mit Stäbchen oder Rührbesen schnell in das Reismehl einarbeiten, sodass ein klebriger Teig entsteht. Bedeckt etwas abkühlen lassen.

➤ Die Bohnen nach dem Grundrezept (siehe Seite 11) einweichen und 60 – 90 Minuten über Wasser weich dämpfen. Dann in der Küchenmaschine mit 1 ½ EL Reismalz pürieren.
➤ Sesam gut waschen, abtropfen lassen und in einer leicht erhitzten Pfanne unter Rühren rösten, bis die Samen aufplatzen und zu springen beginnen. Sesam in das Bohnenpüree mischen.
➤ Jeweils eine kleine Portion Süßreisteig abnehmen (den Rest bedeckt lassen) und kleine Bällchen mit jeweils einem Durchmesser von etwa 3 cm formen. Mit dem Finger ein Loch hineinbohren, dieses mit etwas Bohnenmasse füllen und gut verschließen.
➤ Knödel in kochendes Wasser geben und etwa 2 Minuten köcheln lassen, bis sie an die Oberfläche gestiegen und gar sind.
➤ Ingwer mit dem restlichen Reismalz unter ständigem Rühren vorsichtig und langsam erhitzen, leicht köcheln lassen, bis das Malz karamellisiert. Langsam das Wasser einrühren und das Ganze zu einem Sirup einkochen.
➤ Die Knödel etwa 2 Minuten leicht in dem heißen Sirup köcheln lassen.
➤ Kalt servieren.

Indonesien

Gebratener pikanter Reis

1 ½ Tassen Vollkorn-Langkornreis
3 Tassen Wasser
2 Prisen Salz
2 – 3 rote Zwiebeln,
geschält und fein geschnitten
4 – 5 Knoblauchzehen,
geschält und fein geschnitten
2 – 3 kleine frische rote Chilischoten,
klein geschnitten
2 – 3 EL Erdnussöl oder Sojaöl
1 – 2 EL Shoyu

➤ Den Reis mit dem Wasser in einem Topf zum Kochen bringen, salzen und bedeckt etwa 50 Minuten garen. Umrühren, in eine Schüssel füllen und gut abkühlen lassen. (Noch besser: Den Reis schon am Vortag kochen.)

➤ Zwiebeln, Knoblauch und Chilischoten im Mörser zu einer feiner Paste zerreiben. Öl in einem Wok oder einer großen Pfanne leicht erhitzen und die Paste darin vorsichtig unter ständigem Rühren sautieren.

➤ Dann den gekochten Reis zugeben und unter Rühren gut durchbraten. Mit Shoyu abschmecken und kurz ziehen lassen.

Variante: In Indonesien würzt man gerne mit einer süßen Sojasauce (Ketjap Manis). Wer mag, kann etwas Süßungsmittel unter das Reisgericht mischen.

Frittierte Tempehplätzchen

500 g frischer Tempeh, gut reif
2 Knoblauchzehen,
geschält und zerdrückt
1 frische rote Chilischote,
sehr fein gehackt
1 frische grüne Chilischote,
sehr fein gehackt
¼ TL Salz
etwa 1 l Erdnussöl zum Frittieren

➤ Tempeh mit einer Gabel nicht zu fein zerdrücken. Wird Tempeh von minderwertiger Qualität verwendet, das heißt nicht reifer und damit zu harter oder pasteurisierter Tempeh, am besten ein Drittel davon im Gemüsewolf fein zerkleinern, damit die Masse bindet.

➤ Knoblauchzehen, Chilischoten und Salz gut in den Tempeh einmischen. Kleine Bällchen mit jeweils einem Durchmesser von etwa 4 cm aus der Masse formen, etwas flach drücken und in Öl knusprig frittieren, bis die Bällchen eine goldene Farbe angenommen haben.

Jackfrucht in Kokossauce

1 Babyjackfrucht (etwa 1 kg),
geschält
Salz
8 Kemirinüsse,
ersatzweise Macadamianüsse
6 EL trockene Kokosnuss,
gerieben, oder Kokosraspel
4 Zwiebeln,
geschält und fein gehackt
1 l dicke Kokosmilch
3 cm Ingwerwurzel,
geschält und gerieben
1 cm Galangawurzel,
geschält und gerieben
1 TL Kurkuma, gemahlen
2 Kurkumablätter (salam)
4 Limettenblätter
4 TL Chilipaste (siehe Seite 109)

➤ Jackfrucht in etwa 3 cm große Würfel schneiden und in Salzwasser 10 – 15 Minuten kochen, bis sie fast weich ist, dann abschütten und gut abtropfen lassen.
➤ Nüsse und Kokosraspel in einer leicht erhitzten, ungefetteten Pfanne vorsichtig und langsam unter Rühren rösten, bis sie bräunen, und im Mörser zu einer Paste zerreiben. Zwiebeln zugeben und ebenfalls zerreiben.

➤ Paste in einem großen Topf mit Kokosmilch mischen. Ingwer, Galanga, Kurkuma, Kurkumablätter, Limettenblätter, Chilipaste und ¼ TL Salz zugeben und zum Kochen bringen.
➤ Jackfrucht 30 – 40 Minuten leicht bedeckt in der Sauce köcheln lassen, bis die Sauce etwas eingedickt ist.

Frittierte Kassawa und Brotfrucht

etwa 10 cm Kassawa, geschält
etwa ½ Brotfrucht, geschält
etwa 1 m Erdnussöl
oder Sojaöl zum Frittieren
etwa ¼ TL Chilipulver
etwa ¼ TL Salz

➤ Kassawa in 2 – 3 cm dicke Streifen schneiden und dabei den harten Strang aus der Mitte entfernen. Brotfrucht in etwa 1 cm dicke Spalten schneiden.
➤ Gemüse knusprig frittieren und mit Chilipulver und Salz bestreuen.

Gegrillte scharfe Auberginen

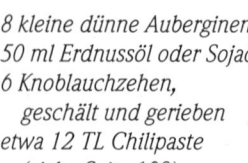

8 kleine dünne Auberginen
50 ml Erdnussöl oder Sojaöl
6 Knoblauchzehen,
  geschält und gerieben
etwa 12 TL Chilipaste
  (siehe Seite 109)

➤ Die ganzen, nicht entstielten Auber-ginen gut einölen. Dann vorsichtig und langsam etwa 30 Minuten möglichst auf Holzkohle grillen, bis sie weich sind und die Haut runzelig zu werden beginnt.
➤ Knoblauchzehen mit Chilipaste mischen, 1 – 2 EL Öl einrühren und Auberginen gut mit dieser Mischung einreiben.
➤ Warm oder kalt servieren.

Bananenherzgemüse

1 Bananenherz (Bananenblüte)
Salz
200 ml dicke Kokosmilch
3 Schalotten oder Zwiebeln,
  geschält und in halbierte
  Halbmonde geschnitten
1 Knoblauchzehe,
  geschält und gerieben
1 Prise weißer Pfeffer, gemahlen

➤ Äußere Blätter des Bananenherzens entfernen, bis die blasseren Blätter erscheinen, und das Bananenherz etwa 15 Minuten in Salzwasser kochen, bis es weich ist. Längs vierteln und in etwa 1 cm breite Stücke schneiden.
➤ In der Zwischenzeit Kokosmilch mit Schalotten oder Zwiebeln, Knoblauch, ¼ TL Salz und Pfeffer zum Kochen bringen und 20 – 30 Minuten leicht bedeckt köcheln lassen.
➤ Bananenherz zugeben und etwa 10 weitere Minuten köcheln lassen.

Variante: Statt des Bananenherzens können auch grüne, unreife Mangos verwendet werden. Diese – geschält, entsteint und in Stücke geschnitten – einige Zeit in Salzwasser legen und etwa 3 Minuten in der Sauce mitkochen.

Süßscharfer Wasserspinat

500 g Wasserspinat,
  ersatzweise Spinat
2 Zwiebeln,
  geschält und fein gehackt
1 Knoblauchzehe,
  geschält und fein gehackt
1 TL Chilipaste
  (siehe nebenstehendes Rezept)
½ TL Palmzucker
¼ TL Shoyu

➤ Wasserspinat 3 – 4 Minuten blanchieren. Falls Spinat verwendet wird, diesen nur 1 Sekunde blanchieren.
➤ Zwiebeln und Knoblauchzehe mit Chilipaste, Palmzucker und Shoyu im Mörser zu einer Paste zerreiben und diese in einer Pfanne bei niedriger Hitze unter Rühren erwärmen.
➤ Wasserspinat gut abtropfen lassen, in die Paste einrühren und etwa 1 Minute unter Rühren heiß werden lassen.
➤ Warm oder kalt servieren.

Chilipaste

500 g frische rote Chilischoten,
  entkernt und grob gehackt
1 ½ TL Salz

➤ Chilischoten in einen Topf geben, kochendes Wasser darübergießen, sodass sie bedeckt sind, und etwa 8 Minuten köcheln lassen. Abschütten und im Mörser oder in der Küchenmaschine nicht zu fein pürieren.
➤ Chilipaste mit Salz mischen, in ein Glas füllen, Glas fest verschließen und im Kühlschrank aufbewahren. Diese Mischung ist einige Monate haltbar.

Scharfe Kokosflocken

½ Kokosnuss,
  Fruchtfleisch frisch gerieben
1 – 2 frische rote Chilischoten,
  sehr fein gehackt
1 Prise Salz

➤ Kokosraspel mit Chilischoten und Salz gut vermischen.
➤ Als Beigabe zu allen Gerichten servieren.

Salat
mit Erdnusssauce

½ Eisbergsalat
¼ kleiner Kopf Weißkohl
½ Salatgurke
1 Tasse Wasserspinat,
    ersatzweise Brunnenkresse
    oder Spinat
1 Tasse grüne Bohnen (etwa 100 g)
Salz
1 Tasse Mungbohnensprossen
1 Tasse Tempeh (200 – 250 g)
1 l Erdnussöl zum Frittieren
1 Knoblauchzehe,
    geschält und fein gehackt
1 frische grüne Chilischote,
    fein gehackt
½ – ¾ Tasse Erdnussmus
etwas Wasser

➤ Eisbergsalat und Weißkohl in feine Streifen schneiden. Gurke längs vierteln und in feine Scheiben schneiden, sodass Dreiecke entstehen.

➤ Wasserspinat und Bohnen in Salzwasser bissfest blanchieren, dann in etwa 4 cm lange Stücke schneiden. Bohnensprossen 1 Sekunde blanchieren.

➤ Tempeh in etwa 0,5 × 4 cm große Stäbchen schneiden, frittieren, bis die Stücke eine goldene Farbe angenommen haben, und auf Küchenpapier abtropfen lassen.

➤ Knoblauch und Chilischote im Mörser fein zerreiben, mit Erdnussmus und etwas Wasser zu einem Dressing rühren und mit ¼ TL Salz abschmecken.

➤ Entweder alle Zutaten mischen oder Gemüse und Tempeh in getrennten Häufchen auf Portionstellern anrichten und das Dressing darübergießen oder in kleinen Schälchen getrennt dazu reichen.

Variante: Zum Dressing kann etwas frisch gepresster Limettensaft oder Palmzucker gegeben werden.

Schwarzer Reispudding

*1 Tasse schwarzer indonesischer
    oder thailändischer Reis*
3 Tassen Wasser
1 Pandanblatt
1 Prise Salz
2 – 4 EL Palmzucker
etwas Wasser
2 Tassen Kokosmilch

➤ Reis mit Wasser und dem zusammengeknoteten Pandanblatt im Dampfdrucktopf zum Kochen bringen, salzen und unter niedrigem Druck etwa 1 Stunde garen (im normalen Topf etwa 2 Stunden mit 4 Tassen Wasser – wobei es schwierig ist, diesen Reis ohne dass er anbrennt im normalen Topf zu garen, auch die Konsistenz leidet).

➤ Blatt entfernen und Reis mit einem Holzlöffel umrühren. Palmzucker mit etwas Wasser erhitzen und im Wasser auflösen.

➤ Den warmen Reis in Schälchen verteilen und mit Kokosmilch übergießen. Den flüssigen Palmzucker in Portionsschälchen zum Reis servieren und den Reis nach Geschmack damit süßen.

Lateinamerika

Mexiko

Brasilien

Argentinien

Mexiko

Maispfannkuchen

1 Tasse warmes Wasser
2 Tassen Maismehl

➤ Das Wasser langsam mit einem Schneebesen in das Mehl einrühren.
➤ Aus diesem Teig in einer ungefetteten, mäßig heißen Pfanne vorsichtig kleine runde Pfannkuchen backen. So lange backen, bis die Pfannkuchen eine goldene (nicht braune!) Farbe angenommen haben.

Roter Bohnentopf

1 ½ Tassen getrocknete rote
* Kidneybohnenkerne*
Wasser zum Einweichen und Garen
* der Bohnen*
3 EL Olivenöl
1 rote Paprikaschote,
* entkernt und schräg in 2 cm*
* breite Streifen geschnitten*
1 große Zwiebel,
* geschält und grob gewürfelt*
2 – 3 Knoblauchzehen,
* geschält und fein gehackt*
½ – 1 EL Chilipulver
1 EL Kreuzkümmelsamen
⅛ TL Piment, gemahlen
1 Prise rote Chiliflocken
8 Eiertomaten,
* enthäutet und gehackt*
50 ml trockener Rotwein,
* ersatzweise roter Traubensaft*
* mit ½ – 1 EL Rotweinessig*

2 Zweige Oregano
½ Butternut-Kürbis,
* geschält, entkernt und in etwa*
* 4 cm große Stücke geschnitten*
unbehandelte Schale einer halben
* Orange, gerieben*
½ TL Salz
¼ TL schwarzer Pfeffer, gemahlen
1 EL Korianderblätter, fein gehackt
1 EL glatte Petersilie, fein gehackt
1 EL Frühlingszwiebeln,
* in Ringe geschnitten*

➤ Die Bohnen nach dem Grundrezept (siehe Seite 11) 30 – 45 Minuten im Dampfdrucktopf oder 60 – 90 Minuten im normalen Topf garen.
➤ Öl in einem großen Topf erhitzen. Die Paprikaschote einige Minuten darin sautieren, bis die Haut anfängt, Blasen zu werfen, dann die Kochtemperatur etwas reduzieren.
➤ Die Zwiebel zugeben und weitersautieren, bis die Zwiebel leicht golden ist. Knoblauch zugeben und 1 Sekunde unter Rühren mitsautieren. Chilipulver, Kreuzkümmel, Piment und die zerriebenen Chiliflocken einrühren und einige Sekunden mitsautieren.
➤ Tomaten zum Gemüse geben und das Ganze 20 Minuten bedeckt köcheln lassen. Falls die Sauce zu trocken ist, eventuell etwas Wasser zugeben. Rotwein, Oregano und Kürbis zugeben und bedeckt 10 – 15 Minuten köcheln lassen, bis der Kürbis fast weich ist.
➤ Orangenschale, Bohnen, Salz und Pfeffer einrühren und nochmals einige Minuten leicht bedeckt köcheln lassen, bis der Kürbis gut weich ist.
➤ Vor dem Servieren mit den übrigen Kräutern und den Frühlingszwiebeln bestreuen.

Wurzeltopf

2 EL Kreuzkümmelsamen
4 EL Olivenöl
3 Knoblauchzehen,
  geschält und zerrieben
60 – 70 ml Wasser
2 EL beliebiges Süßungsmittel
¼ TL Salz
¼ TL schwarzer Pfeffer, gemahlen
500 g Karotten,
  in etwa 1,5 cm dicke
  Scheiben geschnitten
500 g Pastinaken,
  in etwa 1,5 cm dicke
  Scheiben geschnitten
Saft von 2 Limetten oder von einer
  Zitrone, frisch gepresst
½ Bund Minze, fein gehackt

➤ Den Kreuzkümmel vorsichtig in einer ungefetteten, mäßig heißen Pfanne unter Rühren leicht rösten.
➤ Öl in einem flachen, feuerfesten Topf erhitzen, Knoblauch und Kreuzkümmel darin einige Sekunden unter Rühren sautieren. Wasser, Süßungsmittel, Salz und Pfeffer einrühren, das Wurzelgemüse gut einmischen und zum Kochen bringen.
➤ Bedeckt im kurz vorgeheizten Backofen bei 250 °C etwa 10 Minuten garen, bis das Gemüse halbweich ist. Dann unbedeckt weitergaren, bis die Oberfläche karamellisiert.
➤ Vor dem Servieren mit Limettensaft und Minze besprenkeln.

Zucchini mit Tomaten

3 EL Olivenöl
500 g Zucchini,
  schräg in etwa 2,5 cm breite
  Scheiben geschnitten
1 Bund Frühlingszwiebeln,
  in breite Ringe geschnitten
2 Eiertomaten,
  enthäutet und fein gehackt
¼ TL Salz
1 Prise schwarzer Pfeffer, gemahlen

➤ Öl in einem großen, flachen Topf erhitzen und die Zucchini darin einige Sekunden unter Rühren sautieren, bis sie leicht gebräunt sind. Dann die Frühlingszwiebeln zugeben und kurz mitsautieren.
➤ Tomaten, Salz und Pfeffer einrühren und 10 – 15 Minuten leicht bedeckt köcheln lassen, bis die Zucchini gar sind.

Pikantes Mangoldgemüse

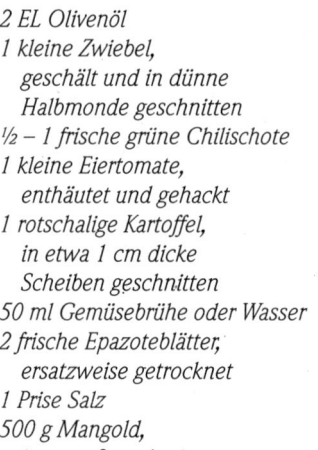

2 EL Olivenöl
1 kleine Zwiebel,
    geschält und in dünne
    Halbmonde geschnitten
½ – 1 frische grüne Chilischote
1 kleine Eiertomate,
    enthäutet und gehackt
1 rotschalige Kartoffel,
    in etwa 1 cm dicke
    Scheiben geschnitten
50 ml Gemüsebrühe oder Wasser
2 frische Epazoteblätter,
    ersatzweise getrocknet
1 Prise Salz
500 g Mangold,
    in etwa 3 cm breite
    Streifen geschnitten

➤ Öl in einem großen, flachen Topf
erhitzen. Zwiebel und die unzerkleinerte, eventuell entkernte Chilischote
darin einige Minuten sautieren, bis die
Zwiebel leicht braun ist. Die Tomate
zugeben und 3 – 4 Minuten unter
Rühren mitsautieren.
➤ Kartoffel zugeben, Gemüsebrühe
oder Wasser angießen, die Epazoteblätter und das Salz zugeben und
bedeckt etwa 10 Minuten köcheln
lassen, bis die Kartoffel fast weich und
die Kochflüssigkeit etwas eingedickt
ist.
➤ Mangold kurz blanchieren, abgießen und vorsichtig in das Gericht
mischen. Bedeckt 3 Minuten köcheln
lassen, bis das Gemüse weich ist.

Tipp: Falls die Stiele des Mangolds sehr
groß und dick sind, diese kurz nach den
Kartoffeln zugeben.

Würzige Beigabe

250 g reife, aber feste Eiertomaten,
    enthäutet
1 kleine Zwiebel, geschält
2 frische rote Chilischoten
2 frische grüne Chilischoten
½ Bund Korianderblätter
¼ TL Salz

➤ Tomaten, Zwiebel, Chilischoten
und Koriander sehr fein hacken, gut
mischen und mit dem Salz abschmecken. In einer Schale zu jeder Mahlzeit
servieren.

Zwiebelpickles

500 g rote Zwiebeln,
    geschält und in Halbmonde
    geschnitten
5 Knoblauchzehen, geschält
1 EL schwarze Pfefferkörner
½ EL Kreuzkümmelsamen
1 Zweig Oregano
etwa 5 EL Salz
etwa 1 l Wasser

➤ Die Zwiebeln mit den Gewürzen
in ein Glas schichten.
➤ Das Salz mit dem Wasser erhitzen,
gut auflösen und heiß über die Zwiebeln gießen. Mit einem Teller bedecken und beschweren.
➤ 3 – 4 Tage bei Zimmertemperatur
fermentieren lassen. Dann im Kühlschrank aufbewahren.

Avocadopüree

1 kleine Zwiebel, geschält
1 – 2 Knoblauchzehen, geschält
1 kleine, reife, aber feste Eiertomate
1 große, reife Avocado
Saft einer Limette oder Zitrone,
*   frisch gepresst*
1 Prise Chilipulver
¼ TL Salz
1 Prise schwarzer Pfeffer, gemahlen
einige Blätter Eisbergsalat

➤ Die Zwiebel sehr fein hacken, den Knoblauch fein zerreiben oder durch die Knoblauchpresse geben und die Tomate würfeln.
➤ Die Avocado schälen und den Kern entfernen. Das Avocadofleisch mit einer Gabel fein zerdrücken und sofort mit dem Limettensaft vermischen.
➤ Diese Zutaten und die Gewürze vorsichtig, aber gut vermischen, abschmecken und auf einem mit den Salatblättern ausgelegten Teller arrangieren.

Kaktusfeigendessert

1750 g Kaktusfeigen
1 Tasse Wasser
1 Tasse beliebiges Süßungsmittel
3 EL Limettensaft, frisch gepresst

➤ Die Kaktusfeigen vorsichtig schälen, grob hacken und mit dem Wasser, dem Süßungsmittel und dem Limettensaft pürieren.
➤ Die Masse durch ein feinmaschiges Sieb streichen und gut gekühlt oder leicht gefroren servieren.

Meine erste Begegnung mit der Küche des südlichen Amerikas hatte ich auf einer Fete während meiner Studienzeit. Da die Mehrzahl der Gäste angehende Ethnologinnen und Ethnologen waren, ging es bezüglich der kulinarischen Mitbringsel recht multikulturell zu. Einen besonderen Leckerbissen steuerte ein Student aus Südamerika bei: Ameisen. Keine Panik, ich versichere Ihnen, in diesem Buch finden Sie nur vegane Zutaten!

Brasilien

Tomatenreis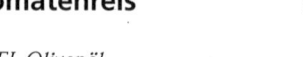

2 EL Olivenöl
1 kleine Zwiebel,
  geschält und fein gehackt
2 Tassen Vollkorn-Langkornreis
2 reife, aber feste Eiertomaten,
  enthäutet und klein gewürfelt
4 Tassen Wasser
¼ TL Salz

➤ Öl in einem kleinen, tiefen Topf erhitzen und die Zwiebel darin glasig sautieren. Den gut gewaschenen und abgetropften Reis zugeben und unter Rühren einige Minuten mitsautieren.
➤ Tomaten zugeben, Wasser angießen und zum Kochen bringen. Das Ganze salzen und bedeckt etwa 45 Minuten garen, bis die Reiskörner weich und aufgeplatzt sind und die gesamte Kochflüssigkeit absorbiert ist.

Schwarzer Bohnentopf

1 ½ Tassen getrocknete schwarze
  Bohnenkerne
Wasser zum Einweichen und Garen
  der Bohnen
3 EL Maiskeimöl
1 große Zwiebel,
  geschält und in Halbmonde
  geschnitten
1 rote Paprikaschote,
  entkernt und schräg in etwa
  3 cm breite Streifen geschnitten

1 grüne Paprikaschote,
  entkernt und schräg in etwa
  3 cm breite Streifen geschnitten
1 große Eiertomate,
  enthäutet und gewürfelt
4 Knoblauchzehen,
  geschält und fein gehackt
2 geräucherte, getrocknete
  Chipotle-Paprika,
  in kleine Stücke geschnitten
1 Tasse Süßkartoffeln,
  in etwa 1,5 cm dicke
  Scheiben geschnitten
4 Zweige Thymian
¼ TL Salz
2 EL Petersilie, fein gehackt

➤ Die Bohnen nach dem Grundrezept (siehe Seite 11) 30 – 40 Minuten im Dampfdrucktopf oder 60 – 90 Minuten im normalen Topf garen.
➤ Öl in einem großen Topf erhitzen. Zwiebel, Paprikaschoten, Tomate und Knoblauchzehen zugeben und etwa 10 Minuten sautieren.
➤ Bohnen, Chipotle-Paprika und Süßkartoffeln zugeben. Das Gemüse bedeckt 10 – 15 Minuten köcheln lassen, dann Thymian zugeben und weitere 10 – 15 Minuten bedeckt köcheln lassen, bis die Süßkartoffeln fast weich sind.
➤ Mit dem Salz abschmecken, einige Minuten leicht bedeckt köcheln lassen und vor dem Servieren mit der Petersilie bestreuen.

Gebackene Süßkartoffeln

4 Süßkartoffeln
1 – 2 EL Olivenöl

➤ Die Süßkartoffeln einölen und auf ein mit Backpapier ausgelegtes Backblech legen. Im Backofen bei 175 – 200 °C 45 – 60 Minuten backen, bis die Süßkartoffeln weich und ihre Schalen knusprig sind.

Weißkohlgemüse

3 EL Olivenöl
¼ Bund Petersilie,
    Stiele und Blätter getrennt
    fein gehackt
1 große Zwiebel,
    geschält und fein gehackt
1 rote Paprikaschote,
    entkernt und fein gehackt
1 frische rote Chilischote, fein gehackt
etwa ½ EL Weißweinessig
    oder trockener Weißwein
3 Eiertomaten,
    enthäutet und fein gewürfelt
1 kleiner Kopf Weißkohl,
    fein geschnitten
¼ TL Salz
¼ TL schwarzer Pfeffer, gemahlen

➤ Öl in einem großen Topf erhitzen. Petersilienstiele zusammen mit der Zwiebel, Paprika und Chilischote 10 – 15 Minuten im Öl sautieren, bis Zwiebel und Paprika glasig oder weich sind.
➤ Mit dem Essig oder Wein ablöschen. Tomaten einrühren, einige Minuten bedeckt köcheln lassen und anschließend unbedeckt zu einer sämigen Sauce eindicken lassen.
➤ In der Zwischenzeit den Weißkohl etwa 5 Minuten in kochendem Wasser blanchieren, bis er bissfest weich ist, dann abschütten, gut abtropfen lassen und mit dem Salz und dem Pfeffer in die Sauce mischen.
➤ Weitere 5 Minuten unbedeckt köcheln lassen. Vor dem Servieren die Petersilienblätter einmischen.

119

Papayagemüse

1 – 1,5 kg grüne, unreife Papayas
Salz
etwa 2 EL Olivenöl
einige Prisen schwarzer Pfeffer,
*   gemahlen*

➤ Die Papayas schälen und in etwa
1,5 cm dicke Scheiben schneiden. In
Salzwasser etwa 15 Minuten vorsichtig
köcheln lassen, bis sie weich sind.
➤ Die gut abgetropften Papayas mit Öl
beträufeln und mit Pfeffer bestreuen.

Pikanter Portulak

3 EL Olivenöl
2 Zwiebeln,
*   geschält und in feine*
*   Halbmonde geschnitten*
1 frische grüne Chilischote,
*   in dünne Streifen geschnitten*
1 kg Portulak,
*   ersatzweise Brunnenkresse*
*   oder Spinat*
etwa 2 Prisen Salz

➤ Öl in einer großen Pfanne erhitzen.
Zwiebeln und Chilischote darin leicht
glasig sautieren.
➤ Den gut abgetropften Portulak zugeben und unter Rühren 1 – 2 Minuten
sautieren, bis die Blätter bissfest weich
sind (falls Spinat verwendet wird,
diesen zunächst kurz blanchieren und
abgießen). Mit Salz abschmecken.

Kürbispickles

etwa 5 Tassen Kürbis (feste Sorte),
*   geschält, entkernt und in etwa*
*   1 cm dicke Streifen geschnitten*
etwa 5 EL Salz
etwa 1,4 l Wasser
½ frische rote Chilischote,
*   in Streifen geschnitten*
½ frische grüne Chilischote,
*   in Streifen geschnitten*
einige Körner Piment
900 ml Weißweinessig

➤ Den Kürbis in ein Glas füllen. Das
Salz und 1,1 Liter Wasser zum Kochen
bringen, das Salz gut auflösen und
diese Sole heiß über den Kürbis gießen, sodass dieser bedeckt ist.
➤ Das Ganze etwa 24 Stunden an
einem nicht zu kühlen Ort bedeckt
leicht fermentieren lassen, dann in
ein Sieb abgießen.
➤ Chilischoten, Piment und Essig mit
etwa 300 ml Wasser mischen und
über den in ein sauberes Glas gefüllten
Kürbis gießen, bis dieser bedeckt ist.
➤ Eine weitere Woche an einem
nicht zu kühlen, dunklen Ort bedeckt
fermentieren lassen, danach im Kühlschrank aufbewahren.

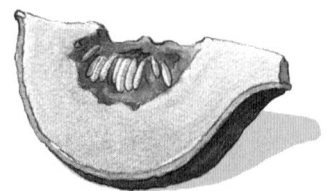

Brunnenkresse-Tomaten-Salat

1 großes Bund Brunnenkresse
2 Tomaten
1 Zwiebel, geschält
1 Knoblauchzehe, geschält
¼ – ½ frische rote Chilischote
Saft einer halben Zitrone,
frisch gepresst
eventuell etwas Wasser
einige Prisen Salz
1 Prise schwarzer Pfeffer,
grob gemahlen

➤ Die Brunnenkresse von den Stielen pflücken, wenn diese sehr dick sind. Die Tomaten und die Zwiebel in Scheiben schneiden und diese halbieren. Das Gemüse auf einem großen Teller arrangieren.
➤ Knoblauchzehe und Chilischote fein hacken, dann im Mörser fein zerreiben und mit dem Zitronensaft mischen, eventuell etwas Wasser zugeben.
➤ Knoblauchmischung über den Salat gießen. Mit Salz und Pfeffer bestreuen und sofort servieren.

Würzige Feigen

5 Tassen Wasser
1 Tasse beliebiges Süßungsmittel
8 Wacholderbeeren
8 Körner Piment
1 Zimtstange
8 frische Feigen

➤ Wasser mit Süßungsmittel und Gewürzen zum Kochen bringen. Die Feigen darin vorsichtig 15 – 20 Minuten pochieren, dann aus dem Sud nehmen und auf einem Teller arrangieren.
➤ Den Sud weiterköcheln lassen, bis er andickt, und dann über die Feigen gießen.
➤ Heiß oder kalt servieren.

Argentinien

Quinoa

1 EL Olivenöl
1 Knoblauchzehe,
   geschält und fein gehackt
1 frische grüne Chilischote,
   fein gehackt
1 Prise Kreuzkümmelsamen
1 Prise schwarzer Pfeffer, gemahlen
4 Tassen Wasser
2 Tassen Quinoa
2 Prisen Salz

➤ Öl in einem kleinen, tiefen Topf
erhitzen. Knoblauch und Chilischote
zugeben und vorsichtig kurz sautieren,
dabei nicht braun werden lassen.
➤ Kreuzkümmel, Pfeffer, Wasser und
Quinoa zugeben, zum Kochen bringen,
salzen und bedeckt 20 – 30 Minuten
leicht köcheln lassen, bis die Quinoa
weich und alle Flüssigkeit absorbiert
ist.

Weiß-schwarzer Bohnentopf

1 ½ Tassen getrocknete weiße
   Bohnenkerne
Wasser zum Einweichen und Garen
   der Bohnen
1 ½ Tassen schwarze Oliven, entsteint
2 cm Ingwerwurzel, geschält
3 Knoblauchzehen, geschält
3 EL Olivenöl
2 getrocknete Chilischoten
eventuell etwas Wasser

➤ Die Bohnen nach dem Grundrezept
(siehe Seite 11) 30 – 45 Minuten im
Dampfdrucktopf oder 60 – 90 Minuten im normalen Topf garen, dann ein
Drittel der Bohnen zerstampfen.
➤ Die Oliven gut waschen und in
kaltem Wasser einige Stunden einweichen, um den Salzgehalt zu reduzieren, gut abtropfen lassen und sehr
fein hacken. Ingwer und Knoblauch
fein hacken und im Mörser fein zerreiben.
➤ Öl in einer Pfanne erhitzen, das
Knoblauch-Ingwer-Püree und die
Chilischoten darin vorsichtig einige
Sekunden sautieren, nicht braun
werden lassen. Die Oliven einmischen
und unter ständigem Rühren kochen,
bis die Masse trocken ist.
➤ Die zerstampften Bohnen einrühren und nach 3 Minuten Köcheln
die ganzen Bohnen zugeben. Weitere
15 Minuten bedeckt vorsichtig köcheln lassen, bei Bedarf ein wenig
Wasser zugeben.

Topinamburgemüse

500 g Topinambur
einige Salatblätter
¼ TL Salz
50 ml Cidre-Essig,
*   ersatzweise Apfelessig*
1 EL beliebiges Süßungsmittel
½ TL gelbe Senfsaat
¼ TL Dillsamen
eventuell etwas Wasser

➤ Topinambur schälen, in dünne
Scheiben schneiden und diese etwa
1 Minute in kochendem Wasser blanchieren, bis sie bissfest weich sind.
Salatblätter auf einem Teller arrangieren und Topinambur darauf verteilen.
➤ Aus den restlichen Zutaten ein
Dressing mischen – gegebenenfalls ein
wenig Wasser zugeben – und über das
Gemüse gießen. Falls die Dillsamen alt
und hart sind, diese einige Zeit in Wasser einweichen. Dieses Gericht kann
warm oder kalt serviert werden.

Kürbis-Mais-Gemüse

3 EL Olivenöl
2 Zwiebeln,
*   geschält und grob gehackt*
2 Knoblauchzehen,
*   geschält und fein gehackt*
2 große Eiertomaten,
*   enthäutet und gewürfelt*
4 Tassen Kürbis (feste Sorte),
*   geschält, entkernt und in etwa*
*   2,5 cm große Stücke geschnitten*
eventuell etwas Wasser
1 ½ Tassen gegarte Maiskörner
2 EL Oregano, grob gehackt
¼ TL Salz
¼ TL schwarzer Pfeffer, gemahlen

➤ Öl in einem großen, flachen Topf
erhitzen und die Zwiebeln darin glasig
sautieren. Dann den fein gehackten
Knoblauch zugeben und kurz mitsautieren. Tomaten zugeben und bedeckt etwa 5 Minuten köcheln lassen.
➤ Kürbis zugeben, bei Bedarf ein
wenig Wasser zufügen und bedeckt
15 – 20 Minuten leicht köcheln lassen,
bis der Kürbis fast weich ist.
➤ Dann den Mais, Oregano, Salz und
Pfeffer dazugeben und etwa 5 Minuten
weiterköcheln lassen.

123

Sautierte grüne Blätter

6 EL Olivenöl
1 Zwiebel,
  geschält und fein gehackt
2 Knoblauchzehen,
  geschält und fein gehackt
750 g Mangold oder jeglicher grüner
  Kohl, in etwa 1 cm breite Streifen
  geschnitten
¼ TL Salz

➤ Öl in einer großen Pfanne erhitzen und die Zwiebel darin glasig sautieren. Knoblauch zugeben und kurz mit-sautieren, nicht braun werden lassen.
➤ Mangold oder Kohl kurz blanchie-ren und abgießen. Dann zur Zwiebel geben und etwa 5 Minuten unter Rühren garen, bis er weich ist. Falls die Mangoldstiele sehr groß und dick sind, diese einige Minuten vor den Blättern zugeben. Mit Salz abschmecken.

Salat mit Sternfrucht

½ Romanasalat
1 kleine grüne, unreife Mango,
  geschält und entsteint
1 Sternfrucht
1 cm Ingwerwurzel,
  geschält und fein gehackt
1 EL Korianderblätter, fein gehackt
1 EL Frühlingszwiebeln, fein gehackt
2 EL Olivenöl
2 EL Limettensaft, frisch gepresst
¼ TL Salz
1 Prise schwarzer Pfeffer, gemahlen
eventuell etwas Wasser

➤ Die Salatblätter sternförmig auf einem Teller auslegen. Mango in etwa 5 mm große Würfel und Sternfrucht in dünne Scheiben schneiden. Mango und Sternfrucht auf den Salatblättern arrangieren.
➤ Ingwer, Koriander und Frühlings-zwiebeln mit Limettensaft, Salz und Pfeffer mischen und fein pürieren, eventuell etwas Wasser zugeben. Dressing über den Salat gießen.

124

Gegrillte Ananas

1 Ananas, geschält
½ Tasse beliebiges Süßungsmittel

➤ Ananas in etwa 1,5 cm dicke
Scheiben schneiden, mit Süßungsmittel beträufeln und etwa 20 Minuten
vorsichtig grillen, ohne das Süßungsmittel zu verbrennen.

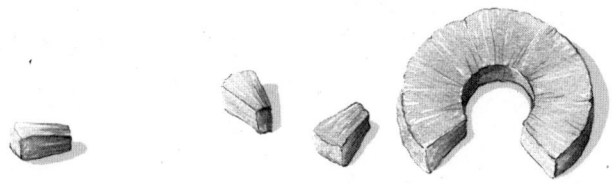

Europa

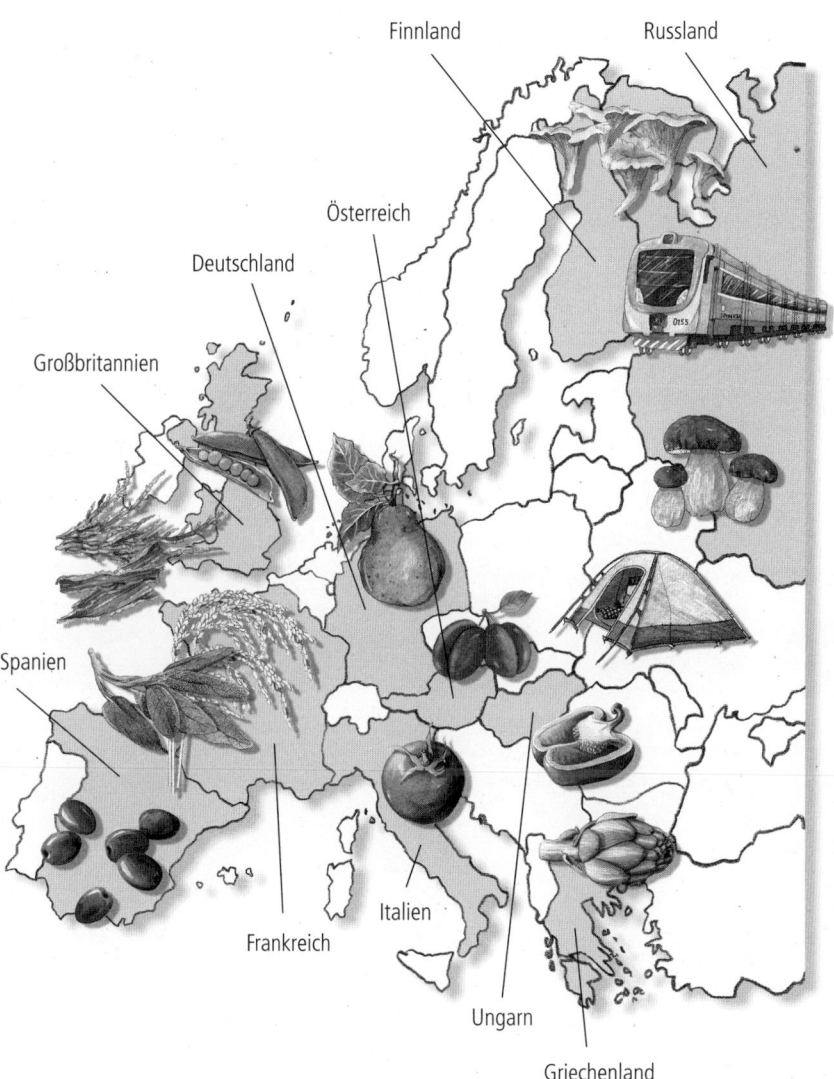

Finnland

Russland

Österreich

Deutschland

Großbritannien

Spanien

Italien

Frankreich

Ungarn

Griechenland

Finnland

Gerstenfladen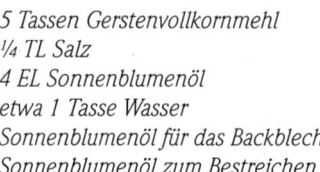

5 Tassen Gerstenvollkornmehl
¼ TL Salz
4 EL Sonnenblumenöl
etwa 1 Tasse Wasser
Sonnenblumenöl für das Backblech
Sonnenblumenöl zum Bestreichen

➤ Mehl und Salz verrühren, Öl einmischen und das Mehl zwischen den Händen verreiben. Dann das Wasser zufügen und rasch zu einem festen, geschmeidigen Teig vermengen.
➤ Den Teig zu vier jeweils 0,5 – 1 cm dicken Fladen von etwa 20 cm Durchmesser ausrollen.
➤ Die Fladen auf ein gefettetes Backblech legen, mit einer Gabel mehrmals einstechen und im Backofen bei 200 – 250 °C 15 – 20 Minuten backen.
➤ Vor dem Servieren die heißen Fladen mit Öl bestreichen.

Gelbes Erbsenpüree

2 Tassen getrocknete gelbe
*   Splittererbsen*
Wasser zum Einweichen und Garen
*   der Erbsen*
etwa 3 cm Ingwerwurzel
¼ TL Salz
1 Prise schwarzer Pfeffer, gemahlen

➤ Die Splittererbsen nach dem Grundrezept (siehe Seite 11) 60 – 90 Minuten im Dampfdrucktopf oder 2 – 3 Stunden Minuten im normalen Topf garen. Abgießen und das Kochwasser auffangen.
➤ Ingwer schälen, reiben, den Saft ausdrücken und zu den Erbsen geben. Mit Salz und Pfeffer abschmecken.
➤ Die Erbsen pürieren und bei Bedarf eventuell etwas von dem Kochwasser zufügen.

An einem sonnigen Sommernachmittag in Finnland fanden wir auf einer Wiese am Waldrand, wo wir unser Zelt aufgebaut hatten, schöne, reife wilde Beeren in solch großen Mengen, dass wir geradezu in einen Pflückrausch fielen. Da die

Ausbeute selbst für uns Schleckermäulchen zu groß war, beschlossen wir, die Früchte sofort an Ort und Stelle einzukochen. Erst später erzählte uns ein Wildparkhüter, wie leichtsinnig wir gewesen waren, denn der Duft der am Waldrand kochenden wilden Beeren hätte leicht wilde Bären anlocken können ...

Gebackene Steckrübe

2 Steckrüben,
geschält und in etwa 2 cm
große Würfel geschnitten
2 EL Weizenvollkornmehl
¼ TL Salz
1 Prise schwarzer Pfeffer, gemahlen
2 EL Sonnenblumenöl

➤ Steckrüben mit kaltem Wasser aufsetzen und 15 – 20 Minuten kochen, bis sie bissfest weich sind. Dann die Rübenwürfel abschütten und leicht stampfen. Mit Mehl, Salz und Pfeffer gut vermischen und in eine feuerfeste, mit 1 EL Öl gefettete Form füllen.
➤ Im Backofen bei 175 – 200 °C 45 Minuten backen.
➤ Dann etwa 1 EL Öl auf die Rübenmasse geben und weitere 15 Minuten backen.

Fruchtiger Rotkohl

2 EL Sonnenblumenöl
1 Tasse getrocknete Kirschen
50 ml Apfelessig
50 ml Apfelsaft
100 ml Wasser
¼ Tasse rotes Johannisbeergelee
(etwa 7 EL)
¼ TL Salz
1 Prise schwarzer Pfeffer, gemahlen
1 kg Rotkohl,
in nicht zu breite Streifen
geschnitten
eventuell etwas heißes Wasser

➤ Öl in einem großen, feuerfesten Topf erhitzen und die Kirschen darin vorsichtig anbraten. Mit Apfelessig und Apfelsaft ablöschen, das Wasser zugeben, Johannisbeergelee einrühren und das Ganze aufkochen.
➤ Salz, Pfeffer und Rotkohl zufügen. Bedeckt im kurz vorgeheizten Backofen bei 175 – 200 °C etwa 60 Minuten backen. Zwischendurch umrühren und gegebenenfalls etwas heißes Wasser nachfüllen, wenn die Kochflüssigkeit zu sehr verdampft ist.

Pilzpfanne

3 EL Sonnenblumenöl
2 kleine Zwiebeln,
  geschält und in halbierte
  Halbmonde geschnitten
1 kg frische Pfifferlinge oder Morcheln
¼ TL Salz
1 Prise schwarzer Pfeffer, gemahlen
1 Bund Petersilie, gehackt

➤ Öl in einer Pfanne erhitzen und
die Zwiebeln darin glasig sautieren.
Pilze zugeben und unter Rühren gut
knusprig braten. Mit Salz und Pfeffer
abschmecken.
➤ Vor dem Servieren mit Petersilie
bestreuen.

Grünkohlgemüse

500 g Grünkohl
2 EL Sonnenblumenöl
¼ TL Salz
1 Prise schwarzer Pfeffer, gemahlen

➤ Grünkohl in kochendem Wasser
1 – 3 Minuten bissfest blanchieren,
dann abschütten, gut abtropfen lassen und in etwa 1 cm breite Streifen
schneiden.
➤ Öl in einem Topf leicht erhitzen,
Salz und Pfeffer zugeben und den
Grünkohl gut einmischen.

Gurken-Dill-Salat

1 Salatgurke,
  in dünne Scheiben geschnitten
Salz
1 EL Apfelessig
1 Prise schwarzer Pfeffer, gemahlen
1 Bund Dill, fein gehackt

➤ Gurke mit etwa 1 TL Salz gut
vermengen und mit einem Gewicht
beschwert mindestens 30 Minuten
stehen lassen. Eventuell mehrmals
umrühren. Dann die entstandene
Flüssigkeit abgießen.
➤ Aus Essig, ¼ TL Salz und Pfeffer ein
Dressing rühren. Dressing mit Gurke
und Dill vermischen.

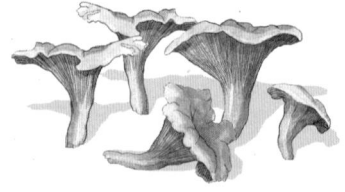

Süßsaure Gurken

500 g frische dicke Einlegegurken,
geschält und in etwa 1 cm
dicke Scheiben geschnitten
1 Zwiebel,
geschält und in Ringe geschnitten
2 EL Meerrettichwurzel,
geschält und in etwa 1 cm
große Würfel geschnitten
1 EL Koriandersamen
2 EL gelbe Senfsaat
15 Dillblüten
10 Blätter von Schwarzer
Johannisbeere
250 ml Apfelessig
1 ½ EL Salz
3 EL beliebiges Süßungsmittel
eventuell etwas Wasser

➤ Gurken, Zwiebel, Meerrettich, Koriander, Senfsaat, Dillblüten und Johannisbeerblätter in ein Glas schichten.
➤ Essig mit Salz und Süßungsmittel gut mischen, bis Salz und Süßungs- mittel aufgelöst sind. Über die Gurken gießen, bis diese bedeckt sind, nach Bedarf mit Wasser bis 1 cm unterhalb des Glasrandes aufgießen.
➤ Das Glas gut verschließen und das Gemüse an einem dunklen Ort 4 – 6 Wochen fermentieren lassen.

Beerenpudding

200 g Himbeeren
100 g rote Johannisbeeren
100 g Erdbeeren
600 ml Wasser
eventuell beliebiges Süßungsmittel
¾ Tasse Weizenvollkorngrieß
(etwa 120 g)

➤ Beeren mit Wasser pürieren, nach Geschmack süßen und vorsichtig und langsam zum Kochen bringen. Grieß einrühren und unter ständigem Rühren vorsichtig 10 Minuten köcheln lassen.
➤ Etwas abkühlen lassen und in der Küchenmaschine bei hoher Geschwin- digkeit etwa 10 Minuten mixen.
➤ Gekühlt servieren.

Russland

Gerösteter Buchweizen

2 Tassen Buchweizen
2 Prisen Salz
4 Tassen kochend heißes Wasser
1 EL Sonnenblumenöl
eventuell etwas heißes Wasser

➤ Den nassen, gut abgetropften Buchweizen in einer ungefetteten, heißen Pfanne unter Rühren 5 – 10 Minuten rösten, bis er duftet und etwas Farbe angenommen hat.
➤ Buchweizen, Salz und Wasser in eine feuerfeste, mit Öl gefettete Form füllen und bedeckt im vorgeheizten Backofen bei 175 °C etwa 45 Minuten garen. Ab und zu die Wassermenge kontrollieren und gegebenenfalls etwas heißes Wasser nachfüllen. Am Ende der Garzeit sollte die gesamte Flüssigkeit absorbiert sein.

Variante: Nach Belieben getrocknete Pilze in Wasser einweichen und nach dem Einweichen von Anfang an mitgaren.

Linsenpüree

1 ½ Tassen braune Linsen
3 Tassen Wasser
1 kleine Zwiebel, geschält
1 kleine Karotte
1 kleine Lauchstange,
    eventuell in große Stücke
    geschnitten
eventuell etwas kaltes Wasser
2 – 3 EL Sonnenblumenöl
¼ TL Salz

➤ Die Linsen nach dem Grundrezept (siehe Seite 11) blanchieren. In einem normalen Topf mit dem Wasser und dem Gemüse 60 – 90 Minuten garen, bis die Linsen weich sind und alle Flüssigkeit absorbiert ist. Zwischendurch die Wassermenge kontrollieren und gegebenenfalls etwas kaltes Wasser nachfüllen.
➤ Das Ganze pürieren, Öl einrühren und mit Salz abschmecken.

Rotes Karottengemüse

3 EL Olivenöl
2 Zwiebeln,
  geschält und grob gehackt
500 g Karotten,
  in etwa 5 mm dicke
  Stäbchen geschnitten
1 EL Kreuzkümmel, gemahlen
½ TL süßes Paprikapulver
¼ TL scharfes Paprikapulver
¼ TL Salz
3 Knoblauchzehen,
  geschält und fein gehackt
6 Tomaten,
  enthäutet und durch
  ein Sieb gestrichen

➤ Öl in einem großen Topf erhitzen. Zwiebeln darin unter Rühren leicht sautieren, bis sie eine goldene Farbe angenommen haben. Karotten zugeben und etwa 5 Minuten mitsautieren. Kreuzkümmel, Paprikapulver und Salz darüberstreuen, Knoblauch zugeben.
➤ Tomaten gut einmischen und bedeckt unter gelegentlichem Rühren 5 – 15 Minuten weich garen.

Saures Kraut

1 Tasse getrocknete Pilze
warmes Wasser zum Einweichen
  der Pilze
4 EL Sonnenblumenöl
4 große Zwiebeln,
  geschält und in Halbmonde
  geschnitten
1 kleiner Kopf Weißkohl,
  klein geschnitten
1 EL Kümmelsamen
1 Prise schwarzer Pfeffer,
  grob gemahlen
500 g Sauerkraut

➤ Die Pilze 30 – 60 Minuten in warmem Wasser einweichen.
➤ Das Öl in einem großen Topf erhitzen und die Zwiebeln darin glasig sautieren. Pilze ausdrücken und Pilz-Einweichwasser auffangen. Pilze in Scheiben schneiden, zugeben und kurz mitsautieren.
➤ Weißkohl zugeben, nach einigen Minuten Kümmel, Pfeffer und Sauerkraut unterrühren, mit etwas Pilz-Einweichwasser angießen und bedeckt 40 – 50 Minuten garen.

Brennnessel-Sauerampfer-Gemüse

2 EL Vollkornreis
1 Lorbeerblatt
1 Zwiebel, geschält und gehackt
einige Körner schwarzer Pfeffer
etwa 600 ml Gemüsebrühe
  oder Wasser
1 Kartoffel, gewürfelt
2 EL Sonnenblumenöl
1 Karotte, klein gewürfelt
250 g Sauerampfer, kleine Blätter
250 g Brennnesselblätter
¼ TL Salz
2 EL Petersilie, fein gehackt

➤ Reis mit Lorbeerblatt, Zwiebel und Pfefferkörnern 30 Minuten in Gemüsebrühe oder Wasser garen. Kartoffel zugeben und 20 weitere Minuten garen, bis die Kartoffel weich ist.
➤ In der Zwischenzeit in der Hälfte des Öls die Karotte einige Minuten sautieren, bis sie bissfest weich ist.
➤ Sauerampfer kurz blanchieren und abgießen. Brennnesseln im restlichen Öl 5 – 10 Minuten sautieren, dann pürieren.
➤ Salz, Karotten und Sauerampfer in die Reis-Kartoffel-Brühe geben und einige Minuten köcheln lassen.
➤ Brennnesseln zugeben und vom Feuer nehmen. Vor dem Servieren mit Petersilie bestreuen.

Serviertipp: Je 1 EL vegane Sahne auf einem Teller verteilen und das Gemüse darauf servieren.

Süßsaurer Rettichsalat

1 großer Rettich
2 EL Zitronensaft, frisch gepresst
½ TL beliebiges Süßungsmittel
3 EL Sonnenblumenöl
einige Prisen Salz

➤ Rettich reiben.
➤ Aus den übrigen Zutaten ein Dressing mischen und gut in den Rettich einrühren. Abschmecken und vor dem Servieren kurz durchziehen lassen.

Rote-Bete-Beigabe

1 große Rote Bete
1 unbehandelte Zitrone
½ EL beliebiges Süßungsmittel
2 Prisen Salz
2 EL Sonnenblumenöl

➤ Die Rote Bete schälen, klein schneiden und pürieren. Mit dem Saft und der abgeriebenen Schale der Zitrone, Süßungsmittel, Salz und Öl mischen.
➤ 5 – 10 Minuten unter ständigem Rühren in einer heißen Pfanne sautieren.

Variante: Gegarte Rote Bete verwenden.

Eingelegte Steinpilze

500 g Steinpilze
etwa 2 EL Salz
1 Bund Dill, fein geschnitten
3 Lorbeerblätter
1 EL schwarze Pfefferkörner
3 Gewürznelken
etwa 200 ml heißes Wasser

➤ Die gut gesäuberten Pilze mit den Stielen nach oben in ein Glas schichten, dabei auf jede Schicht Salz, Dill und Gewürze sprenkeln. Heißes Wasser darübergießen.
➤ Glas verschließen und vorsichtig schütteln, um das Salz aufzulösen. Dann einen Teller und ein Gewicht auf die Pilze legen, das Glas fest verschließen und die Pilze an einem kühlen, dunklen Ort etwa 1 Monat fermentieren lassen.

Weizen-Mandel-Dessert

225 g Weizen
Wasser zum Einweichen des Weizens
180 g Mandeln
600 ml Wasser
30 g Mohn, gemahlen
3 EL beliebiges Süßungsmittel
¼ TL Salz

➤ Den Weizen über Nacht in Wasser einweichen.
➤ Am nächsten Tag 120 g Mandeln mit dem Wasser zum Kochen bringen, von der Kochstelle nehmen und auf Zimmertemperatur abkühlen lassen. Die Mandeln abschütten und das Mandel-Kochwasser aufbewahren.
➤ Mandeln schälen und mit dem abgeschütteten Weizen sowie dem Mandel-Kochwasser aufsetzen, zum Kochen bringen, salzen und etwa 2 Stunden garen, bis die Weizenkörner weich und aufgeplatzt sind.
➤ Die restlichen Mandeln rösten und hacken. Mohn und Süßungsmittel zum Weizen geben, gut mischen und mit den gehackten Mandeln bestreuen.
➤ Mit Kompott aus getrocknetem Obst servieren (siehe Seite 136).

Kompott aus getrocknetem Obst

175 g getrocknete Birnen
175 g getrocknete Apfelringe
175 g getrocknete Pflaumen, entsteint
175 g getrocknete Pfirsiche
175 g getrocknete Aprikosen
1,5 l kochend heißes Wasser
1 – 1 ½ Tassen beliebiges
  Süßungsmittel
4 Körner Piment
2 Zimtstangen
1 unbehandelte kleine Zitrone,
  in Scheiben geschnitten
eventuell 6 EL Weinbrand

➤ Trockenfrüchte gut waschen.
➤ Wasser und Süßungsmittel mischen. Alle Gewürze, die Zitrone, Birnen und Äpfel zugeben und etwa 10 Minuten bedeckt köcheln lassen. Pflaumen und Pfirsiche zugeben und 10 weitere Minuten köcheln lassen.
➤ Dann Aprikosen hinzufügen und nochmals etwa 15 Minuten köcheln lassen, bis die Früchte weich, aber nicht zerkocht sind. Zimtstangen und Pimentkörner entfernen.
➤ Nach Belieben Weinbrand vorsichtig einmischen und bedeckt abkühlen lassen, bis das Kompott lauwarm oder kalt ist.

Großbritannien

Gerstentopf

2 Tassen Gerste
Wasser zum Einweichen der Gerste
3 EL Sonnenblumenöl
1 große Zwiebel,
*   geschält und geviertelt*
1 große Karotte,
*   in etwa 4 cm große*
*   Stücke geschnitten*
1 Stange Bleichsellerie,
*   in etwa 4 cm große*
*   Stücke geschnitten*
¼ TL Salz
etwa 4 Tassen Wasser
eventuell etwas heißes Wasser

➤ Gerste mit Wasser bedecken und über Nacht einweichen.
➤ Öl in einen Tontopf oder schweren Eisentopf geben. Zwiebel, Karotte und Selleriestange zufügen und im auf 175 – 200 °C vorgeheizten Backofen unter gelegentlichem Rühren 10 – 15 Minuten braun rösten. Abgetropfte Gerste (Einweichwasser auffangen) zufügen und einige Minuten mitrösten.
➤ Einweichwasser, Salz und Wasser zugeben und etwa 90 Minuten im Ofen garen, bis die Gerste weich und aufgeplatzt und die Flüssigkeit absorbiert ist. Zwischendurch die Wassermenge kontrollieren und eventuell etwas heißes Wasser nachfüllen.

Variante: Gerste durch Hafer ersetzen und über Nacht auf niedriger Flamme auf dem Herd garen. Wassermenge hierfür eventuell erhöhen.

Grüner Erbsenbrei

2 Tassen getrocknete grüne Erbsen
Wasser zum Einweichen
*   und Garen der Erbsen*
3 Lorbeerblätter
1 große Zwiebel,
*   geschält und geachtelt*
1 Stange Lauch,
*   in große Stücke geschnitten*
1 Karotte,
*   in große Stücke geschnitten*
¼ TL Salz
1 Prise schwarzer Pfeffer, gemahlen

➤ Erbsen nach dem Grundrezept (siehe Seite 11) einweichen und blanchieren. Im Dampfdrucktopf mit Wasser gerade bedecken und mit Lorbeerblättern, Zwiebel, Lauch und Karotte 60 – 90 Minuten garen, bis die Erbsen sehr weich sind (2 – 3 Stunden im normalen Topf). Kochwasser abschütten und auffangen.
➤ Lorbeerblätter entfernen und die Masse pürieren. Dabei eventuell etwas Kochflüssigkeit dazufügen, sodass ein dicker Brei entsteht. Mit Salz und Pfeffer abschmecken.

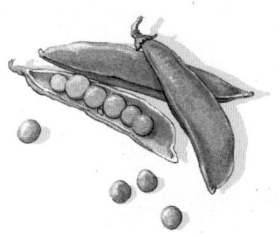

Gebackene Pastinaken

4 mittelgroße Pastinaken
1 EL Sonnenblumenöl
einige Prisen Salz
2 Zwiebeln,
    geschält und längs geachtelt
einige Prisen getrockneter Thymian

➤ Die ganzen oder in sehr große Stücke geschnittenen Pastinaken etwa 5 Minuten blanchieren, bis sie halbweich sind, dann gut einölen, salzen und auf ein Backblech setzen oder in eine feuerfeste Form legen.
➤ Im kurz vorgeheizten Backofen bei 200 – 220 °C 45 – 60 Minuten backen, bis sie sehr weich sind. Zwischendurch mehrmals umdrehen.
➤ Zwiebeln nach etwa 30 Minuten zugeben. Etwa 10 Minuten vor Ende der Garzeit Thymian aufstreuen.

Steckrüben mit gerösteten Zwiebeln

6 Zwiebeln,
    geschält und in Halbmonde
    geschnitten
5 EL Sonnenblumenöl
2 Steckrüben,
    geschält und in etwa 2 cm
    große Würfel geschnitten
¼ TL Salz
1 Prise schwarzer Pfeffer, gemahlen

➤ Zwiebeln in einer großen Pfanne in Öl langsam und vorsichtig 45 – 60 Minuten goldbraun rösten, bis sie karamellisieren.
➤ Steckrüben in kaltem Wasser aufsetzen, zum Kochen bringen, 45 – 60 Minuten weich garen, abschütten und leicht zerstampfen.
➤ Die Zwiebeln untermischen und mit Salz und Pfeffer abschmecken.

Nesselpfanne

3 EL Sonnenblumenöl
¼ TL Salz
1 Prise schwarzer Pfeffer, gemahlen
500 g Brennnesselblätter

➤ Öl in einer Pfanne leicht erhitzen. Salz und Pfeffer einrühren und die nassen Brennnesselblätter einmischen. Bedeckt unter mehrmaligem Umrühren 1 – 2 Minuten schmoren lassen, bis die Blätter bissfest weich sind.

Variante: Brennnesselblätter in wenig Wasser weich kochen, pürieren und mit Öl, Salz und Pfeffer abschmecken.

Rosenkohltopf

750 g Rosenkohlblätterkronen,
  ersatzweise Rosenkohlröschen
Salz
2 EL Sonnenblumenöl
einige Prisen Muskatnuss, gerieben
1 Prise schwarzer Pfeffer, gemahlen

➤ Nach der Rosenkohlröschenernte werden in Großbritannien die Spitzen der Pflanze, die wie kleine lockere Kohlköpfchen aussehen, verwendet.
➤ Die in einzelne Blätter zerteilten Rosenkohlblätterkronen in kochendem Salzwasser 1 – 5 Minuten weich garen.
➤ Öl in einem Topf leicht erhitzen, die Gewürze und ¼ TL Salz zugeben, gut vermischen und dann die klein geschnittenen Blätter einrühren.

Meeresgemüse

4 Tassen Dulse
  (getrockneter Lappentang)
Wasser zum Einweichen der Dulse
3 EL Sonnenblumenöl
¼ TL Salz
1 Prise schwarzer Pfeffer, gemahlen

➤ Dulse etwa 30 Minuten in Wasser einweichen, gut abspülen und abtrocknen. Öl in einer Pfanne erhitzen und Dulse darin vorsichtig unter Rühren knusprig braten. Mit Salz und Pfeffer abschmecken.
➤ Traditionell werden Dulse zu Kartoffelbrei serviert. Nach Belieben können sie auch in den Brei eingemischt werden.

Variante: Dulse in Wasser kochen, bis sie geleeartig weich sind. Falls gewünscht, pürieren.

In einem chinesischen Restaurant in England bestellte ich einmal erwartungsvoll »knusprige Seealgen«, die ich auf der Speisekarte entdeckt hatte. Als mir dann fein geschnittener, frittierter Kohl serviert wurde, war die Enttäuschung groß: In jüngster Zeit werden in England kaum noch Meeresalgen gegessen.

Wildsalat

¼ TL Salz
1 EL Cidre-Essig,
    ersatzweise Apfelessig
einige Prisen schwarzer Pfeffer,
    gemahlen
2 EL Walnussöl
1 Bund Brunnenkresse
einige Frühlingszwiebeln,
    in Ringe geschnitten
einige junge Löwenzahnblätter,
    in etwa 1 cm breite
    Stücke geschnitten

➤ Salz gut im Essig auflösen, Pfeffer
und Öl einmischen.
➤ Brunnenkresse von den Stängeln
pflücken, wenn diese sehr dick sind,
und mit Frühlingszwiebeln und
Löwenzahnblättern mischen.
➤ Alle Zutaten vermengen.

Saure Zwiebeln

1 kg kleine Zwiebeln, geschält
etwa 2 l Wasser
etwa 5 EL Salz
200 ml Malzessig
½ Zimtstange
12 Körner schwarzer Pfeffer
1 TL Muskatblüte, ganz
1 TL Pimentkörner
2 Lorbeerblätter

➤ Die Zwiebeln in ein Glas geben.
➤ 1 Liter Wasser mit Salz aufkochen,
dieses gut auflösen und diese Sole heiß
über die Zwiebeln gießen. Das Ganze
12 Stunden fermentieren lassen. Salzwasser abschütten.
➤ Essig mit dem restlichen Wasser auf
1 Liter auffüllen, mit den Gewürzen
über die Zwiebeln geben und etwa
3 Monate an einem dunklen, kühlen
Ort gut verschlossen fermentieren
lassen. Danach im Kühlschrank aufbewahren.

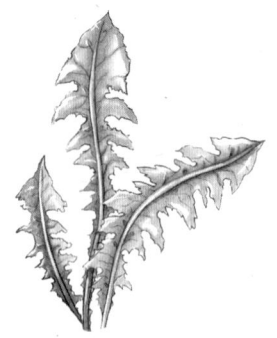

Knuspriges Obst

4 – 5 EL Walnussöl oder Haselnussöl
4 festkochende Äpfel,
geachtelt und entkernt
5 EL Gerstenmalz
3 Prisen Salz
8 Stangen Rhabarber,
in Stücke geschnitten
1 Prise Zimt, gemahlen
1 Tasse Weizenvollkornmehl
½ Tasse Vollkorn-Semmelbrösel
½ Tasse Walnüsse oder Haselnüsse,
fein gehackt
1 ½ Tassen einfache Vollkornkekse,
wenige Millimeter groß zerbröselt,
ersatzweise leicht geröstete,
feine Haferflocken

➤ Eine Pfanne gut heiß erhitzen, vom Feuer nehmen und etwas abkühlen lassen. 2 EL Öl in die Pfanne geben und wieder auf die Feuerstelle setzen. Äpfel in das heiße Öl geben und unter Rühren bei sehr hoher Temperatur etwa 30 Sekunden sautieren, bis die Äpfel zu bräunen beginnen.
➤ 2 EL Malz und 1 kleine Prise Salz einmischen und schnell bei sehr hoher Temperatur weitersautieren, bis die Äpfel goldbraun sind und das Malz zu karamellisieren beginnt. Sofort in eine feuerfeste Form füllen.
➤ In derselben Pfanne (ohne sie auszuwaschen) auf gleiche Weise wie die Äpfel den Rhabarber karamellisieren, dabei eventuell etwas Öl, 2 EL Malz, 1 Prise Salz sowie den Zimt zugeben.

➤ Rhabarber zu den Äpfeln geben und die Früchte leicht und vorsichtig mischen. Falls die Masse zu nass ist, ein paar der Semmelbrösel einmischen.
➤ Mehl mit 1 Prise Salz gut mischen, 2 EL Öl und 1 EL Malz einmischen. Dabei die Masse zwischen den Händen verreiben. Semmelbrösel leicht untermischen, sodass eine krümelige, trockene, streubare Masse entsteht.
➤ Zunächst die fein gehackten Nüsse, dann die Kekskrümel kurz und leicht unter die Teigstreusel mischen, indem man die Masse durch die Finger rieseln lässt (nicht quetschen!). Es soll eine lockere Mischung entstehen, die sich aus feinen und gröberen Bestandteilen zusammensetzt.
➤ Krümelmasse über den Früchten verteilen und sofort im gut vorgeheizten Backofen bei 200 – 225 °C etwa 10 Minuten backen. Dann auf 150 – 175 °C herunterschalten und 20 – 30 weitere Minuten backen, bis die Krümelmasse goldbraun ist. Falls sie zu früh zu braun wird, Butterbrotpapier oder Alufolie lose darüberlegen.
➤ Nach Belieben mit flüssiger veganer Sahne servieren.

Variante: Es können auch nur Äpfel oder Birnen oder auch Trockenfrüchte verwendet werden.

Deutschland

Grünkern

2 Tassen Grünkern
etwa 4 Tassen Wasser
2 Prisen Salz

➤ Den nassen Grünkern in einer ungefetteten, heißen Pfanne unter ständigem Rühren bei mittlerer Hitze rösten,
bis die Körner duften und beginnen
aufzuplatzen.
➤ Dann mit dem Wasser aufsetzen
und zum Kochen bringen, salzen
und bedeckt 50 – 60 Minuten garen,
bis der Grünkern gut weich und alle
Kochflüssigkeit absorbiert ist.

Linseneintopf

1 ½ Tassen braungrüne Linsen
Wasser zum Einweichen der Linsen
3 EL Sonnenblumenöl
2 Zwiebeln,
  geschält und grob gewürfelt
1 Prise schwarzer Pfeffer,
  grob gemahlen
1 – 2 EL Apfelessig
etwa 2 Tassen Gemüsebrühe
  oder Wasser
3 Lorbeerblätter
eventuell etwas kaltes Wasser
1 Tasse Karotten,
  in etwa 1,5 cm große
  Würfel geschnitten
1 Tasse Sellerieknolle,
  geschält und in etwa 1,5 cm
  große Würfel geschnitten
1 Stange Lauch,
  in Ringe geschnitten
1 TL getrockneter Majoran
¼ TL Salz
4 EL Petersilie, gehackt

➤ Die Linsen nach dem Grundrezept
(siehe Seite 11) in Wasser einweichen
und blanchieren.
➤ Öl in einem Dampfdrucktopf oder
in einem normalen Topf erhitzen.
Zwiebeln darin glasig sautieren, Pfeffer
zugeben und unter gelegentlichem
Rühren weitersautieren, bis die Zwiebeln etwas Farbe bekommen. Dann
die Linsen zugeben und unter Rühren
einige Minuten mitsautieren.
➤ Mit dem Essig ablöschen und mit
Gemüsebrühe oder Wasser auffüllen,
sodass die Linsen gut bedeckt sind.
Lorbeerblätter zugeben und unter
Druck mindestens 1 Stunde garen
(2 Stunden im normalen Topf).

➤ Dann ohne Druck unter gelegentlichem Rühren 1 weitere Stunde köcheln lassen, bis die Masse sämig wird. Zwischendurch die Flüssigkeitsmenge kontrollieren und gegebenenfalls etwas kaltes Wasser nachfüllen.
➤ Karotten, Sellerie und Lauch zugeben. Einige Minuten vor Ende der Garzeit des Gemüses Majoran und Salz zugeben.
➤ Vor dem Servieren mit Petersilie bestreuen.

Weiße Rübchen

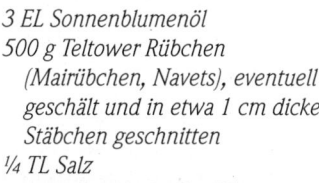

3 EL Sonnenblumenöl
500 g Teltower Rübchen
  (Mairübchen, Navets), eventuell
  geschält und in etwa 1 cm dicke
  Stäbchen geschnitten
¼ TL Salz
eventuell etwas heißes Wasser
1 Prise schwarzer Pfeffer, gemahlen
4 EL Petersilie, gehackt

➤ Öl in einer Pfanne leicht erhitzen. Rübchen und Salz in die Pfanne geben, gut umrühren und bedeckt etwa 20 Minuten vorsichtig schmoren lassen, bis die Rübchen weich gegart sind. Eventuell etwas heißes Wasser zugeben.
➤ Mit Pfeffer abschmecken und nach Belieben mit Petersilie bestreuen.

Apfelrotkohl

4 EL Sonnenblumenöl
5 Zwiebeln,
  geschält und in Halbmonde
  geschnitten
1 TL schwarze Pfefferkörner
2 EL Apfelessig
etwa 2 l Wasser
3 Lorbeerblätter
3 Gewürznelken
¼ TL Salz
2 Boskopäpfel, gerieben
1 mittelgroßer Kopf Rotkohl,
  in knapp 1 cm breite
  Streifen geschnitten

➤ Öl in einem großen Topf erhitzen. Zwiebeln bei geringer Hitze langsam unter gelegentlichem Rühren etwa 1 Stunde im Öl sautieren, bis sie karamellisieren. In den letzten 20 Minuten die Pfefferkörner dazugeben.
➤ Mit Essig ablöschen und das Wasser angießen. Lorbeerblätter, Nelken, Salz und Äpfel zugeben und zum Kochen bringen. Rotkohl zugeben und leicht bedeckt unter gelegentlichem Rühren mindestens 1 Stunde köcheln lassen, bis nur noch wenig Kochflüssigkeit übrig und der Kohl weich ist.

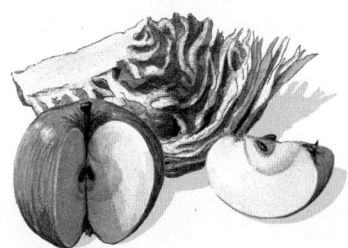

Grüne Bohnen

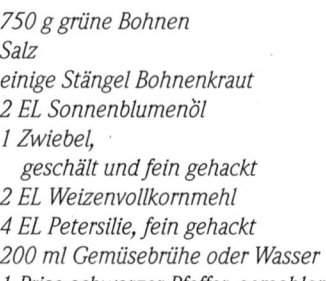

750 g grüne Bohnen
Salz
einige Stängel Bohnenkraut
2 EL Sonnenblumenöl
1 Zwiebel,
  geschält und fein gehackt
2 EL Weizenvollkornmehl
4 EL Petersilie, fein gehackt
200 ml Gemüsebrühe oder Wasser
1 Prise schwarzer Pfeffer, gemahlen
⅛ TL Muskatnuss, gerieben

➤ Bohnen in Hälften brechen oder
schneiden, in Salzwasser zusammen
mit dem Bohnenkraut weich kochen
und abgießen.
➤ Öl in einem Topf erhitzen, Zwiebel
darin glasig sautieren, Mehl einstreuen
und unter ständigem Rühren gelb
rösten.
➤ Petersilie zugeben und mit Gemüsebrühe oder Wasser ablöschen. Pfeffer,
Muskat und Bohnen zugeben und kurz
köcheln lassen, bis das Gericht leicht
angedickt ist.

Gemischtes grünes Gemüse

100 g Spinat
50 g Beinwellblätter
100 g Brennnesselblätter
50 g Löwenzahnblätter
50 g Wegerichblätter
50 g Knoblauchsraukenblätter
30 g Bärlauchblätter
1 Zwiebel, geschält
2 EL Sonnenblumenöl
30 g Kresse
¼ TL Salz
1 Prise weißer Pfeffer, gemahlen

➤ Den Spinat und die Beinwellblätter
kurz blanchieren und abgießen. Alle
grünen Blätter nach Belieben fein oder
grob hacken, die Zwiebel fein hacken.
➤ Öl in einem Topf erhitzen, Zwiebel,
Blätter und Kresse zugeben und bedeckt unter gelegentlichem Rühren
wenige Minuten gar dünsten. Mit
Salz und Pfeffer abschmecken.

Variante: Nach Belieben vegane
Sahne einrühren.

Spargelsalat

750 g weißer Spargel,
  geschält und in etwa 5 cm
  lange Stücke geschnitten
Salz
2 EL Sonnenblumenöl
1 EL Apfelessig
1 Prise schwarzer Pfeffer, gemahlen

➤ Spargel in Salzwasser vorsichtig 15 – 25 Minuten weich garen (die Spargelspitzen etwas später als die anderen Spargelstücke zugeben), dann das Wasser abschütten.

➤ Aus den restlichen Zutaten und ¼ TL Salz ein Dressing mischen und vorsichtig unter den abgekühlten Spargel rühren. Vor dem Servieren einige Zeit ziehen lassen.

Kräutersalat

1 EL Sauerampfer, fein gehackt
1 großer Kopfsalat, zerpflückt
1 EL Schnittlauch, fein gehackt
1 EL Borretsch, fein gehackt
1 EL Zitronenmelisse, fein gehackt
1 EL Dill, fein gehackt
1 kleine Zwiebel,
  geschält und sehr fein gehackt
1 TL Senf
2 EL Distelöl oder Sonnenblumenöl
1 EL Apfelessig
¼ TL Salz
⅛ TL schwarzer Pfeffer, gemahlen

➤ Sauerampfer kurz blanchieren und abgießen. Salat mit allen Kräutern und der Zwiebel mischen.

➤ Aus den übrigen Zutaten ein Dressing rühren und gut in den Salat einmischen.

In der Nachkriegszeit lebte meine aus Wien stammende Urgroßmutter in einem hessischen Dorf. Als die Nachbarin wieder einmal zu einem Schwätzchen vorbeikam, stellte sie ihre Einkaufstasche auf den Küchentisch. Leider war die vermeintliche weiße Tischdecke ein über den Küchentisch ausgezogener Strudelteig ...

Eingelegte Karotten

etwa 1 l Wasser
etwa 6 EL Salz
500 g Karotten,
in streichholzfeine Stäbchen
geschnitten

➤ Wasser mit Salz aufkochen, bis sich das Salz aufgelöst hat, dann abkühlen lassen und über die Karotten gießen, sodass diese mit Wasser bedeckt sind.
➤ 2 – 3 Tage unbedeckt stehen lassen, bis die Karotten fermentiert sind. Dann im Kühlschrank aufbewahren.
➤ Vor dem Servieren eventuell mit frischem Wasser abwaschen, falls die Karotten zu salzig schmecken.

Variante: Es können auch andere Gemüsearten verwendet werden, zum Beispiel andere Wurzeln, Kohl oder Gurken.

Fruchtschnittchen

1,5 kg Quitten,
in Stücke geschnitten
etwa 300 ml Wasser
etwa 3 Tassen beliebiges
Süßungsmittel
1 EL Sonnenblumenöl

➤ Quitten im Wasser kochen, bis sie zerfallen. Dann die Masse mit dem Wasser durch ein Sieb streichen und mit dem Süßungsmittel unter Rühren zu Mus kochen, bis sie sich vom Topfrand löst.
➤ Eine flache, feuerfeste Form mit Öl ausstreichen, die Masse einfüllen, glatt streichen und abkühlen lassen.
➤ In beliebige Formen schneiden und trocknen lassen, bevor man sie in den Vorratsbehälter füllt. In einem luftdichten Behälter an einem kühlen Ort aufbewahrt, sind die Schnittchen mehrere Wochen haltbar.

Variante: Für dieses Gericht können auch Schlehen oder Pflaumen verwendet werden.

Frankreich

Roter Reis

1 Tasse roter Camargue-Reis
1 Tasse Vollkorn-Langkornreis
4 Tassen Wasser
2 Prisen Salz

➤ Reis mit Wasser aufsetzen, zum
Kochen bringen, salzen und 45 –
50 Minuten köcheln lassen, bis die
Reiskörner weich und aufgeplatzt sind
und alle Kochflüssigkeit absorbiert ist.

Warmer Linsensalat

2 Tassen französische Berglinsen
Wasser zum Garen der Linsen
1 Frühlingszwiebel
1 Bouquet garni
    (einige Stängel Petersilie,
    einige Zweige Thymian und einige
    Lorbeerblätter, zwischen zwei
    10 – 15 cm lange Bleichsellerie-
    stangen gebunden)
1 Knoblauchzehe,
    geschält und fein gehackt
etwa 2 EL Zitronensaft, frisch gepresst
2 EL Walnussöl
1 EL glatte Petersilie, fein gehackt
einige Prisen getrockneter Salbei
¼ TL Salz
1 Prise schwarzer Pfeffer, gemahlen

➤ Die Linsen nach dem Grundrezept
(siehe Seite 11) in einem normalen
Topf mit der Frühlingszwiebel und
dem Bouquet garni 50 – 60 Minuten
weich garen. Zwiebel und Kräuter
entfernen.
➤ Aus den restlichen Zutaten ein
Dressing rühren, dieses über die – falls
nötig, abgeschütteten – heißen Linsen
geben und gut einmischen.
➤ Warm servieren.

Südfranzösischer Gemüsetopf

1 Tasse frische weiße Bohnenkerne
  (Flageolet oder Haricot)
2 Tassen grüne Bohnen,
  eventuell halbiert (etwa 200 g)
2 EL Olivenöl
etwas Wasser
½ TL Salz
4 Knoblauchzehen,
  geschält und klein gehackt
2 Stangen Lauch,
  in etwa 1 cm breite
  Ringe geschnitten
4 Karotten,
  in etwa 1 cm große
  Würfel geschnitten
4 kleine Zucchini,
  in etwa 2 cm große
  Würfel geschnitten
1 Bund Basilikum, klein geschnitten

➤ Bohnenkerne 10 – 15 Minuten kochen, bis sie halb gar sind. Grüne Bohnen kurz blanchieren.

➤ In einen großen Topf Öl, etwas Wasser, Salz, Knoblauchzehen, grüne Bohnen, Bohnenkerne, Lauch, Karotten und Zucchini schichten. Bedeckt langsam zum Kochen bringen und 15 – 20 Minuten köcheln lassen, bis das Gemüse weich ist.

➤ Basilikum vorsichtig einrühren und einige Minuten bedeckt ziehen lassen.

Variante: Statt der frischen Bohnenkerne können auch getrocknete Bohnenkerne verwendet werden. In diesem Fall die Bohnen nach dem Grundrezept (siehe Seite 11) in Wasser einweichen, blanchieren und kochen, bis sie halb gar sind. Dann nach Rezept weiterverwenden.

Knuspriger Blumenkohl

4 Weizenvollkornbrötchen,
  zwei Tage alt
1 Blumenkohl
5 EL Olivenöl
2 EL Pinienkerne, grob gehackt
1 – 2 Knoblauchzehen,
  geschält und zerdrückt
¼ TL Salz
1 Prise schwarzer Pfeffer,
  grob gemahlen
¼ TL frischer Thymian,
  zwischen den Fingern zerrieben
1 Bund Petersilie, fein gehackt
eventuell ½ unbehandelte Zitrone,
  in Spalten geschnitten

➤ Die Rinde der Brötchen dünn abschneiden, das Brötcheninnere in Würfel schneiden und in der Küchenmaschine nicht zu fein hacken, sodass kleine Stückchen und Krümel entstehen. In einer ungefetteten Pfanne im Backofen bei 150 °C unter Umrühren vorsichtig goldbraun rösten.
➤ In der Zwischenzeit den Blumenkohl vierteln und bissfest garen.
➤ Öl, Pinienkerne und Knoblauchzehen langsam und vorsichtig unter ständigem Rühren in einer Pfanne erhitzen und einige Sekunden sautieren, bis der Knoblauch glasig ist. Salz, Pfeffer, Brötchenkrümel und Thymian zugeben und durchrühren, bis alles gut vermischt und warm ist.
➤ Pfanne von der Kochstelle nehmen, Petersilie unterrühren und die Mischung über den fertig gegarten Blumenkohl geben.
➤ Nach Belieben mit Zitronenspalten servieren.

Überbackener Fenchel

2 EL Olivenöl
1 große Zwiebel,
  geschält und in Halbmonde
  geschnitten
1 rote Paprikaschote,
  entkernt und schräg in dünne
  Streifen geschnitten
1 Knoblauchzehe,
  geschält und zerdrückt
4 Fenchel, längs halbiert
200 ml Gemüsebrühe oder Wasser
¼ TL Salz
1 Prise schwarzer Pfeffer, gemahlen
Olivenöl für die Form
2 Tomaten,
  enthäutet und in
  grobe Würfel geschnitten
1 Tasse schwarze Oliven
2 EL Korianderblätter, gehackt

➤ Öl in einem großen Topf erhitzen. Zwiebel und Paprikaschote darin unter ständigem Rühren etwa 10 Minuten sautieren, bis die Zwiebel glasig ist und die Haut der Paprikaschote anfängt, Blasen zu werfen.
➤ Knoblauch zugeben, Fenchel hinzufügen, Gemüsebrühe oder Wasser, Salz und Pfeffer zugeben und bedeckt etwa 10 Minuten köcheln lassen.
➤ Fenchel aus dem Kochsud in eine gefettete, feuerfeste Form geben.
➤ Tomaten zum Fenchelkochwasser geben und etwa 30 Minuten bedeckt köcheln lassen. Dann unbedeckt etwas eindicken lassen. Sauce über den Fenchel gießen und Oliven über dem Gemüse verteilen.
➤ Im vorgeheizten Backofen bei 250 °C 10 Minuten backen. Vor dem Servieren mit Koriander bestreuen.

Salatgemüse

4 Kopfsalate
3 EL Olivenöl
1 Bund Frühlingszwiebeln,
   in Ringe geschnitten
etwa 100 ml Gemüsebrühe
   oder Wasser
1 Lorbeerblatt
1 Zweig Thymian
1 EL glatte Petersilie, grob gehackt
4 Tassen frische Erbsen,
   ersatzweise tiefgekühlte Erbsen
¼ TL Salz
1 Prise schwarzer Pfeffer, gemahlen

➤ Die äußeren Blätter der Salatköpfe entfernen und die Salatköpfe 3 – 5 Minuten vorsichtig blanchieren. Den Topf vom Feuer nehmen und unter langsam laufendes, kaltes Wasser stellen, bis der Salat kalt genug ist, damit man ihn mit den Händen vorsichtig am Strunk herausnehmen kann. Salatköpfe mit den Strünken nach oben in ein Sieb setzen und abtropfen lassen, dann vorsichtig zusammenbinden.

➤ Öl in einem großen, flachen Topf erhitzen und die weißen Teile der Frühlingszwiebeln darin einige Sekunden unter Rühren sautieren.

➤ Salatköpfe, Gemüsebrühe oder Wasser, Lorbeerblatt, Thymian und Petersilie zugeben und bedeckt etwa 5 Minuten köcheln lassen. Salatköpfe umdrehen, Erbsen zugeben und etwa 5 weitere Minuten köcheln lassen, bis die Erbsen weich sind.

➤ Salate auf eine Servierplatte setzen und die Erbsen darauf verteilen. Lorbeerblatt und Thymian aus dem Kochsud entfernen, Kochsud etwas einkochen, mit Salz und Pfeffer abschmecken und über das Gemüse gießen.

Marinierter Lauch

4 Stangen Lauch
etwa 2 EL Olivenöl
etwa 1 EL französischer Senf
einige Prisen Salz
einige Prisen Pfeffer, gemahlen
etwa 1 EL Weißweinessig
½ – 1 EL Estragon, grob gehackt
½ kleiner Zweig Thymian,
   zwischen den Fingern zerrieben

➤ Die grünen Abschnitte des Lauchs
zum größten Teil abschneiden, die
Lauchstangen oben längs einschneiden und gut waschen. In kochendes
Wasser geben und 10 – 15 Minuten
gut weich kochen. Im Kochwasser
abkühlen lassen.
➤ Öl mit Senf sämig rühren. Salz,
Pfeffer, Essig, Estragon und Thymian
zugeben und 100 – 200 ml des kalten
Lauch-Kochwassers einrühren. Das
Ganze abschmecken.
➤ Die Lauchstangen vorsichtig, aber
ausreichend ausdrücken, in eine breite
flache Schüssel nebeneinanderlegen,
wobei das obere Drittel jeder Lauchstange umgeknickt und unter den
unteren Teil gelegt wird.
➤ Mit dem Dressing übergießen und
bedeckt im Kühlschrank mindestens
über Nacht ziehen lassen. Währenddessen den Lauch mehrmals umdrehen. Als Vorspeise servieren.

Salat mit würziger Paste

½ Tasse getrocknete schwarze Oliven
Wasser und Olivenöl zum Einweichen
   der Oliven
¼ Tasse Kapern
1 EL Olivenöl, eventuell etwas mehr
1 – 2 EL Zitronensaft, frisch gepresst
1 TL Basilikum, fein gehackt
¼ TL Majoran, fein gehackt
TL Rosmarin, fein gehackt
¼ TL Thymian, fein gehackt
1 Prise schwarzer Pfeffer, gemahlen
1 Friséesalat,
   in mundgerechte Stücke geteilt
4 Tomaten, in Scheiben geschnitten

➤ Oliven waschen, mehrere Stunden
in kaltem Wasser einlegen, dann gut
abwaschen und mit Olivenöl gerade
bedeckt etwa 1 Woche stehen lassen,
um den Salzgehalt zu reduzieren.
Oliven gut abtropfen lassen. Wegen
des hohen Salzgehaltes wird das Öl
für dieses Rezept nicht verwendet.
➤ Die Oliven entsteinen und mit den
gut gewaschenen Kapern sehr fein
hacken.
➤ Olivenöl, Zitronensaft, Kräuter und
Pfeffer zu einer feinen Sauce pürieren,
dann mit den Oliven und den Kapern
zu einer dicken Paste mischen. Falls
die Masse zu trocken ist, eventuell
etwas mehr Olivenöl einrühren.
➤ Kleine Portionen der Paste auf
Salat und Tomaten verteilen.

Tipp: Diese Paste kann auch gut zu
gekochtem Gemüse oder getoastetem
Brot serviert werden.

Würzige Birnen

4 getrocknete Pflaumen, entsteint
1 EL Rosinen
heißes Wasser zum Einweichen
 der Trockenfrüchte
4 Birnen
1 unbehandelte Zitrone
2 unbehandelte Orangen
1 l schwerer trockener Rotwein
etwa 400 ml Wasser
4 EL beliebiges Süßungsmittel
1 Zimtstange
2 große Lorbeerblätter
1 Gewürznelke
1 TL schwarze Pfefferkörner
1 Prise Muskatnuss, gerieben

➤ Pflaumen und Rosinen in heißem Wasser 30 – 60 Minuten einweichen.
➤ Birnen schälen, die Stiele jedoch nicht entfernen.
➤ Von der Zitrone mit dem Kartoffelschäler längs 2 Streifen der Schale abschälen und den Saft der halben Zitrone ausdrücken.
➤ Von einer Orange die Schale sehr fein abreiben und den Saft ausdrücken.
➤ Von der anderen Orange beide Enden bis zum Fruchtfleisch weg-schneiden, dann die Orange in etwa 1 cm dicke Scheiben schneiden und diese mit Wein, Wasser, Süßungsmittel, Gewürzen, Zitronenschalenstreifen, Zitronensaft und Orangensaft zum Kochen bringen.
➤ Birnen in den Sud setzen und un-bedeckt 20 – 40 Minuten vorsichtig köcheln lassen, bis die Birnen auch unten weich sind. Dann die Birnen und Orangenscheiben aus dem Sud nehmen und in Portionsschälchen arrangieren.
➤ Den Sud bis zur Hälfte einkochen, die abgetropften Trockenfrüchte zu-geben und 10 – 15 Minuten leicht köcheln lassen, bis der Sud sirupartig andickt. Den abgekühlten Sud über Birnen und Orangenscheiben geben und servieren.

Österreich

Krautnudeln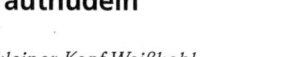

1 kleiner Kopf Weißkohl
4 EL Sonnenblumenöl
1 große Zwiebel,
geschält und in feine
Halbmonde geschnitten
¼ TL Salz
¼ TL schwarzer Pfeffer, gemahlen
400 g Vollkornbandnudeln

➤ Weißkohl auf einer groblöchrigen Reibe fein hobeln.
➤ 2 EL Öl in einem flachen Topf erhitzen und die Zwiebel darin glasig sautieren. Kraut zugeben und bedeckt 20 – 30 Minuten goldgelb schmoren, mit Salz und Pfeffer abschmecken.
➤ Währenddessen die Nudeln gar kochen. Das restliche Öl in einem nicht zu kleinen Topf erwärmen und die fertig gegarten Nudeln darin schwenken.
➤ Kraut zugeben und alles gut vermischen.

Gebackene gelbe Erbsen

2 Tassen getrocknete gelbe Erbsen
Wasser zum Einweichen und Garen
der Erbsen
¼ TL Salz
1 Prise schwarzer Pfeffer, gemahlen
¼ TL getrockneter Majoran
Sonnenblumenöl für die Form
1 ½ Tassen Brotkrümel
oder Vollkorn-Semmelbrösel
3 EL Sonnenblumenöl
1 große Zwiebel,
geschält und in Ringe geschnitten

➤ Erbsen nach dem Grundrezept (siehe Seite 11) 60 – 90 Minuten im Dampfdrucktopf oder 2 – 3 Stunden im normalen Topf garen.
➤ Salz, Pfeffer und Majoran unter die Erbsen mischen und die Masse in eine gefettete und mit 2 EL Brotkrümeln oder Semmelbröseln ausgestreute, feuerfeste Form füllen.
➤ 1 EL Öl in einer Pfanne erhitzen und die restlichen Brotkrümel darin knusprig rösten. Im restlichen Öl die Zwiebel glasig sautieren.
➤ Erbsenmasse mit den gerösteten Brotkrümeln und den Zwiebelringen bestreuen und das Ganze im vorgeheizten Backofen bei 200 °C 15 – 20 Minuten backen, bis die Oberfläche gebräunt ist.

Petersilienwurzeltopf

3 EL Sonnenblumenöl
2 Zwiebeln,
   geschält und in feine
   Würfel geschnitten
1 gehäufter EL schwarze Pfefferkörner
5 Lorbeerblätter
300 g Petersilienwurzeln,
   auf einer groblöchrigen
   Reibe geraspelt
300 g Karotten,
   auf einer groblöchrigen
   Reibe geraspelt
200 ml Seitanbrühe,
   ersatzweise Wasser mit ¼ TL Salz
250 g möglichst frischer, lockerer
   Seitan guter Qualität,
   in etwa 3 mm dünne
   Scheiben geschnitten

➤ In einem großen, nicht zu tiefen Topf das Öl erhitzen und die Zwiebeln darin unter Rühren glasig, nicht braun, sautieren.
➤ Pfefferkörner in ein Stückchen Baumwollstoff wickeln, mit Zwirn zubinden und in den Topf geben. Lorbeerblätter, Petersilienwurzeln, Karotten und Seitanwasser zugeben. Unter gelegentlichem Rühren bedeckt etwa 15 Minuten garen.
➤ Seitan zugeben und 15 – 25 weitere Minuten leicht bedeckt garen, bis das Gemüse weich und die Kochflüssigkeit fast völlig eingekocht ist.

Kürbisstreifen

1 EL Sonnenblumenöl
1 EL Weizenvollkornmehl
etwas kaltes Wasser
etwa 200 ml Salzgurkenwasser
4 Tassen Kürbis (feste Sorte),
   geschält, entkernt und in etwa
   5 mm dicke »Nudeln« gehobelt

➤ Öl in einem großen, flachen Topf erhitzen, Mehl hineinrühren (nicht braun werden lassen) und mit etwas kaltem Wasser ablöschen.
➤ Salzgurkenwasser zugießen und aufkochen. Kürbis zugeben und unter gelegentlichem Rühren 5 – 10 Minuten bedeckt köcheln lassen, bis der Kürbis halbweich ist. 5 – 10 weitere Minuten unbedeckt köcheln lassen, bis der Kürbis ganz weich, die Flüssigkeit eingekocht und das Gericht etwas angedickt ist.

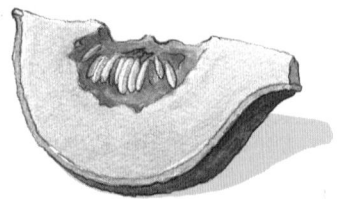

Sämiger Spinat

500 g Spinat
1 EL Sonnenblumenöl
1 EL Weizenvollkornmehl
etwas kaltes Wasser
etwa 100 ml Gemüsebrühe
*   oder Wasser*
1 Prise Muskatnuss, gerieben
¼ TL Salz
1 Prise schwarzer Pfeffer, gemahlen
1 Knoblauchzehe,
*   geschält und zerdrückt*

➤ Spinat in wenig kochendem Wasser einige Sekunden blanchieren, dann nach Belieben fein hacken oder pürieren.
➤ Öl in einem großen, flachen Topf erhitzen, Mehl einrühren (nicht braun werden lassen) und mit etwas kaltem Wasser ablöschen. Gemüsebrühe oder Wasser angießen, Gewürze und Knoblauch zugeben. Unter Rühren etwa 10 Minuten köcheln lassen, bis eine angedickte Sauce entstanden ist.
➤ Spinat gut einmischen und kurz heiß werden lassen.

Variante: Gemüsebrühe durch Reisdrink ersetzen.

Meerrettich-Beigabe

300 g Meerrettichwurzel, geschält
4 säuerliche Äpfel
Saft einer Zitrone, frisch gepresst
2 – 3 EL beliebiges Süßungsmittel
1 Spritzer Apfelessig

➤ Meerrettich und Äpfel fein reiben und sofort mit dem Saft der Zitrone vermischen.
➤ Mit Süßungsmittel und Essig abschmecken und vor dem Servieren einige Stunden ziehen lassen.

Sauerkrautsalat

500 g Sauerkraut
1 Zwiebel, geschält
3 EL Weißwein,
ersatzweise ½ EL Apfelessig
oder Weißweinessig
3 EL Sonnenblumenöl
½ TL Kümmelsamen

➤ Sauerkraut fein schneiden, Zwiebel fein hacken. Alle Zutaten gut vermengen, abschmecken und vor dem Servieren einige Stunden ziehen lassen.

Süßsaurer Kopfsalat

1 EL Weißweinessig
¼ TL Salz
¼ TL beliebiges Süßungsmittel
1 EL Sonnenblumenöl
1 Kopfsalat,
in mundgerechte Stücke geteilt

➤ Aus Essig, Salz, Süßungsmittel und Öl ein Dressing mischen, über die zerpflückten Salatblätter geben und gut mischen.

Salzige Gurken

etwa 1 l Wasser
etwa 5 EL Salz
1 kg frische dicke, große
  Einlegegurken
3 Knoblauchzehen, geschält
3 Lorbeerblätter
1 EL Senfkörner
1 EL schwarze Pfefferkörner
5 Dillblüten
einige Meerrettichblätter
  oder Weinblätter

➤ Wasser mit Salz aufkochen und
abkühlen lassen.
➤ Gurken, Knoblauchzehen, Lorbeerblätter, Senfkörner, Pfeffer und Dillblüten in ein Glas schichten und das
kalte Salzwasser aufgießen, bis die
Gurken bedeckt sind.
➤ Mit den Blättern gut bedecken und
mindestens 4 – 6 Wochen an einem
nicht zu warmen Ort fermentieren
lassen.

Warme Zwetschgen

1 kg sehr reife Zwetschgen, entsteint
etwa 1 Tasse beliebiges Süßungsmittel
5 Gewürznelken
1 Zimtstange

➤ Zwetschgen in einen tiefen Topf
füllen. Süßungsmittel und Gewürze
obenauf geben und bei sehr geringer
Hitze langsam und vorsichtig 30 –
50 Minuten bedeckt dünsten, bis die
Zwetschgen weich sind und sich ihren
Schalen einrollen.
➤ Gewürze entfernen und das Ganze
vor dem Servieren etwas abkühlen
lassen.

Ungarn

Kartoffelklößchen

3 Tassen Kartoffeln, fein gerieben
etwa 1 ½ Tassen Weizenvollkornmehl
4 Prisen Salz
4 EL Sonnenblumenöl

➤ Die Kartoffeln gut ausdrücken und mit Mehl und 2 Prisen Salz zu einem weichen Teig vermischen.
➤ Mit Hilfe eines Löffels walnussgroße Klößchen formen und in kochendes Wasser geben. Etwa 10 Minuten leicht köcheln lassen, bis die Klößchen gar sind.
➤ Öl in einer Pfanne erhitzen, das restliche Salz einmischen und die abgetropften Klößchen kurz darin schwenken.

Kräuterbohnen

1 Tasse getrocknete weiße
*   Bohnenkerne*
Wasser zum Einweichen
*   und Garen der Bohnen*
2 große Zwiebeln,
*   geschält und klein gewürfelt*
4 Karotten, klein gewürfelt
4 Knoblauchzehen,
*   geschält und gehackt*
2 EL Sonnenblumenöl
¼ TL Salz
1 Prise schwarzer Pfeffer, gemahlen
Saft einer halben Zitrone,
*   frisch gepresst*
1 EL Minze, fein gehackt
1 EL Dill, fein gehackt
1 EL Thymian, fein gehackt
1 EL Estragon, fein gehackt

➤ Die Bohnen nach dem Grundrezept (siehe Seite 11) 30 – 45 Minuten im Dampfdrucktopf oder 60 – 90 Minuten im normalen Topf garen.
➤ Zwiebeln, Karotten und Knoblauchzehen zu den Bohnen geben und 20 – 30 weitere Minuten bedeckt köcheln lassen, bis das Gemüse weich ist. Öl, Salz und Pfeffer einrühren.
➤ Vor dem Servieren mit Zitronensaft beträufeln und mit Kräutern bestreuen.

Kastanienwirsing

500 g Kastanien
1 EL Sonnenblumenöl
1 EL Weizenvollkornmehl
etwas kaltes Wasser
1 Wirsing,
  in 1 – 1,5 cm breite
  Streifen geschnitten
¼ TL Salz
1 Prise schwarzer Pfeffer, gemahlen
eventuell etwas heißes Wasser

➤ Kastanien kreuzweise einschneiden, 20 – 30 Minuten kochen und schälen.
➤ Öl in einem großen Topf erhitzen, Mehl einrühren, kurz schwitzen lassen und mit etwas kaltem Wasser ablöschen.
➤ Wirsing, Kastanien, Salz und Pfeffer zugeben, gut mischen und 20 – 40 Minuten bedeckt köcheln lassen. Gelegentlich umrühren und die Flüssigkeitsmenge kontrollieren. Gegebenenfalls etwas heißes Wasser nachfüllen.

Variante: Gegarte Kastanien aus dem Glas oder Vakuumpack verwenden.

Rotes Gemüse

4 EL Sonnenblumenöl
500 g rote Spitzpaprikaschoten,
  entkernt und längs geviertelt
2 große Zwiebeln,
  geschält und in große
  Würfel geschnitten
500 g Tomaten,
  enthäutet, entkernt und gewürfelt
1 EL edelsüßes Paprikapulver
1 gestrichener TL scharfes
  Paprikapulver
½ TL Salz

➤ 3 EL Öl in einem großen, flachen Topf erhitzen und Paprikaschoten darin vorsichtig braten, bis ihre Haut anfängt, Blasen zu werfen. Paprika auf Küchenpapier abtropfen lassen.
➤ Im selben Topf (ohne ihn auszuwaschen) das restliche Öl erhitzen und die Zwiebeln darin glasig sautieren.
➤ Paprikastücke zugeben, Tomaten und Gewürze einrühren. Bedeckt 20 – 30 Minuten leicht köcheln lassen und das Gericht anschließend unbedeckt etwas eindicken lassen.

Als sie noch in Bratislava wohnten, gingen meine Urgroßmutter und meine Oma mindestens zweimal wöchentlich auf den Markt, um einen Wäschekorb voller Gemüse zu kaufen. Dabei hatten sie nur eine fünfköpfige Familie zu bekochen! Einmal im Jahr fuhr meine Urgroßmutter nach Ungarn, um dort Paprika einzukaufen.

Sauerampfergemüse

500 g Sauerampfer, kleine Blätter
3 EL Sonnenblumenöl
1 Zwiebel,
  geschält und fein gehackt
1 EL Weizenvollkornmehl
¼ TL Salz
etwas kaltes Wasser

➤ Sauerampfer kurz blanchieren und abgießen. 2 EL Öl in einem großen, flachen Topf erhitzen und die Zwiebel darin glasig sautieren. Sauerampfer zugeben und bedeckt etwa 1 Minute weich dünsten, dann pürieren.
➤ Das restliche Öl erhitzen, Mehl einrühren, leicht schwitzen lassen, Salz zugeben und mit etwas kaltem Wasser ablöschen.
➤ Das Püree gut einmischen und kurz köcheln lassen.

Variante: Anstelle der Mehlschwitze 1 Tasse vegane Sahne mit dem Mehl verquirlen, zu den Zwiebeln und dem Sauerampfer geben, etwa 5 Minuten köcheln lassen und das Ganze pürieren. Nach Belieben etwas Süßungsmittel zugeben.

Rote-Bete-Salat

4 Rote Beten
1 EL Apfelessig
1 EL Sonnenblumenöl
¼ TL Salz
etwa 400 ml Wasser
etwa 7 cm Meerrettichwurzel,
  geschält und in dünne
  Längsscheiben geschnitten
1 TL Kümmelsamen

➤ Die Roten Beten etwa 1 Stunde kochen, bis sie gut weich sind, dann schälen und in möglichst dünne Scheiben schneiden.
➤ Aus Essig, Öl und Salz ein Dressing rühren, das Wasser zufügen und vorsichtig Rote Bete, Meerrettich und Kümmel einmischen. Abschmecken und mindestens über Nacht ziehen lassen. Vor dem Servieren mehrmals umrühren.

Süßsaurer Gurkensalat

1 Salatgurke
Salz
1 EL Weißweinessig
2 EL Sonnenblumenöl
1 Prise schwarzer Pfeffer, gemahlen
⅛ – ¼ TL beliebiges Süßungsmittel
½ Knoblauchzehe,
*   geschält und gerieben*
etwa 100 ml Wasser

➤ Gurke auf einer Reibe in sehr dünne Scheiben hobeln und mit knapp ½ TL Salz gut vermischen. Mit einem Gewicht beschwert 30 – 60 Minuten ziehen lassen, dann die entstandene Flüssigkeit abgießen.
➤ Aus Essig, 1 Prise Salz, Öl, Pfeffer, Süßungsmittel, Knoblauch und dem Wasser ein Dressing rühren und unter die Gurke mischen. Vor dem Servieren abschmecken.

Eingelegte gefüllte Paprika

1 Kopf Weißkohl
etwa ½ EL Salz
6 grüne Paprikaschoten, ausgehöhlt
800 ml Weißweinessig
400 ml Wasser
3 Lorbeerblätter
1 EL Senfsaat
1 TL getrockneter Dill
1 TL scharfe Paprikaflocken

➤ Weißkohl in feine Streifen schneiden und das Salz gut einarbeiten. 30 – 60 Minuten ziehen lassen, ausdrücken und die Paprikaschoten damit füllen.
➤ Paprika mit den Öffnungen nach oben in ein Glas setzen. Essig mit Wasser und Gewürzen aufkochen, etwas abkühlen lassen und über die Paprika gießen, sodass diese bedeckt sind.
➤ Das Glas mit Zellophan verschließen und etwa 14 Tage fermentieren lassen. Nach Anbruch im Kühlschrank aufbewahren.

Mohn- Walnuss-Konfekt

1 ½ Tassen beliebiges Süßungsmittel
¾ Tasse Mohn, gemahlen
  (etwa 120 g))
1 ½ Tassen Walnüsse, gemahlen
  (etwa 140 g)
½ TL Zimt, gemahlen
1 Prise Gewürznelken, gemahlen

➤ Süßungsmittel vorsichtig langsam erhitzen und alle übrigen Zutaten gut einmischen. Die Masse auf einer Marmorplatte oder einer anderen nassen Fläche verteilen und abkühlen lassen.
➤ Zu einer Rolle formen und in Wachspapier einwickeln wie eine Wurst. Im Kühlschrank aufbewahren und bei Bedarf in Scheiben schneiden.

Spanien

Walnussreis

2 Tassen Vollkorn-Langkornreis
Saft einer halben großen Zitrone,
*   frisch gepresst*
4 Tassen Gemüsebrühe oder Wasser
Salz
4 EL Walnüsse, klein gehackt
3 EL Petersilie, klein gehackt
4 Knoblauchzehen,
*   geschält und klein gehackt*
4 EL Olivenöl
1 Prise schwarzer Pfeffer, gemahlen

➤ Reis mit Zitronensaft und Gemüsebrühe oder Wasser zum Kochen
bringen, mit ¼ TL Salz würzen und
45 – 50 Minuten bedeckt köcheln
lassen, bis die Reiskörner aufgeplatzt
sind und alle Flüssigkeit absorbiert ist.
➤ In der Zwischenzeit Walnüsse,
Petersilie und Knoblauch im Mörser
zu einer Paste zerreiben. Öl in einem
dünnen Strahl unter ständigem Schlagen einarbeiten, mit Salz und Pfeffer
abschmecken.
➤ Den gegarten Reis in eine Schüssel
füllen und die Walnussmischung gut
einmischen.

Variante: Etwas geriebenen veganen
Käse in die Walnussmischung rühren.

Weiß-roter Bohnentopf

1 ½ Tassen getrocknete weiße
*   Bohnenkerne*
Wasser zum Einweichen der Bohnen
1 kleine rote Paprikaschote
etwa 1 TL Olivenöl
1 Zwiebel, geschält
1 Tomate, enthäutet
1 Knoblauchzehe, geschält
1 TL scharfes Paprikapulver
etwa 800 ml Wasser
eventuell etwas kaltes Wasser
¼ TL Salz

➤ Die Bohnen nach dem Grundrezept
(siehe Seite 11) in Wasser einweichen
und blanchieren.
➤ Paprikaschote einölen und im Backofen oder auf dem Holzkohlegrill etwa
30 Minuten backen oder grillen, bis
die Haut anfängt, Blasen zu werfen.
Paprika schälen, entkernen und in
kleine Stücke schneiden.
➤ Zwiebel und Tomate in grobe Würfel schneiden, Knoblauchzehe fein
würfeln.
➤ Bohnen, Paprika, Zwiebel, Tomate,
Knoblauch und Paprikapulver mit dem
Wasser aufsetzen und bedeckt etwa
1 Stunde köcheln lassen, bis die Bohnen sehr weich sind. Zwischendurch
die Wassermenge kontrollieren und
gegebenenfalls etwas kaltes Wasser
nachfüllen. Kurz vor Ende der Garzeit
mit Salz abschmecken.

Gebackenes Gemüse

1 große Aubergine,
  in etwa 2 cm breite
  Halbmonde geschnitten
Salz
2 Kartoffeln, geviertelt
3 rote Paprikaschoten,
  entkernt und schräg in etwa
  3 cm breite Streifen geschnitten
4 Zwiebeln, geschält und halbiert
100 ml Olivenöl
Saft von ein bis zwei Zitronen,
  frisch gepresst

➤ Die Auberginenstücke mit Salz einreiben und mit einem Gewicht beschwert mindestens 30 – 60 Minuten ziehen lassen. Dann abwaschen und gut trocknen.

➤ Kartoffeln einige Minuten kochen, bis sie halb gar sind.

➤ Paprikaschoten, Aubergine, Zwiebeln und Kartoffeln mit 60 – 70 ml Olivenöl sehr gut einreiben, in eine große, flache, feuerfeste Form füllen und im auf 200 – 250 °C vorgeheizten Backofen 15 – 20 Minuten backen, bis die Haut der Paprika anfängt, Blasen zu werfen.

➤ Hitze auf 175 – 200 °C reduzieren und 25 – 40 weitere Minuten backen, bis das Gemüse knusprig ist.

➤ Vor dem Servieren mit dem restlichen Olivenöl, ¼ TL Salz und Zitronensaft besprenkeln.

Eine der besten Kartoffelzubereitungen meines Lebens habe ich vor Jahren auf Lanzarote genossen. Kleine, sehr dunkelschalige Kartoffeln werden ungeschält in einem Topf, dessen Boden mit Steinen ausgelegt ist, in Meerwasser gekocht, bis das Wasser so weit verdunstet ist, dass die Kartoffeln nicht mehr mit dem Wasser in Berührung kommen. So bleibt auf der Kartoffelschale eine leichte Salzkruste zurück.

Artischockengemüse

8 junge Artischocken
2 EL Olivenöl
1 kleine Zwiebel,
  geschält und fein gehackt
2 Knoblauchzehen,
  geschält und fein gehackt
300 ml Montilla-Wein, trockener
  Weißwein oder trockener Sherry,
  ersatzweise 300 ml Wasser
  mit 1 EL Weißweinessig
¼ TL Salz
1 Prise Muskatnuss, gerieben

➤ Die äußeren harten Blätter der
Artischocken entfernen und die
Spitzen der verbliebenen weicheren
Blätter um 5 – 10 mm kürzen. Die
Stängel auf eine Länge von 7 – 9 cm
zurechtschneiden und vorsichtig dünn
schälen.
➤ Öl in einem großen Topf erhitzen.
Zwiebel und Knoblauchzehen im Öl
glasig sautieren. Wein angießen, Salz,
Muskatnuss und Artischocken zufügen
und 20 – 40 Minuten bedeckt leicht
köcheln lassen, bis die Artischocken
gar sind.
➤ Nach Belieben mit dem Kochsud
servieren.

Mangold mit Pinienkernen und Rosinen

¼ Tasse Rosinen
warmes Wasser zum Einweichen
  der Rosinen
2 EL Olivenöl
1 Zwiebel, geschält und fein gehackt
2 Knoblauchzehen,
  geschält und fein gehackt
500 g Mangold,
  in 1 – 2 cm breite
  Streifen geschnitten
3 EL Pinienkerne
¼ TL Salz
1 Prise schwarzer Pfeffer, gemahlen

➤ Rosinen einige Stunden in warmem
Wasser einweichen.
➤ Öl in einem großen, flachen Topf erhitzen, Zwiebel und Knoblauchzehen
darin glasig sautieren. Mangoldstiele
zugeben und unter Rühren 1 – 2 Minuten sautieren, bis sie beginnen,
weich zu werden.
➤ Die Mangoldblätter einmischen und
einige Sekunden mitsautieren. Pinienkerne und die abgetropften Rosinen
zugeben, mit Salz und Pfeffer würzen,
gut vermischen und bedeckt einige
Minuten garen, bis der Mangold
weich ist.

Wilder Spargel

*1 kg wilder Spargel,
in etwa 2,5 cm lange
Stücke geschnitten
3 EL Olivenöl
4 Knoblauchzehen, geschält
1 Scheibe altes Weizenvollkornbrot
2 Prisen Safran, gemahlen
1 Prise Kreuzkümmelsamen
2 Prisen Salz
1 EL Weizenvollkornmehl
100 ml Weißwein,
ersatzweise ½ EL Weißweinessig
und knapp 100 ml Wasser*

➤ Spargel 2 – 5 Minuten fast weich
garen, dabei die Spargelspitzen etwas
später als die anderen Spargelstücke
zugeben. Abschütten und gut abtropfen lassen.

➤ 2 EL Öl in einer nicht zu großen
Pfanne erhitzen, die ganzen Knoblauchzehen und das Brot darin gut
braun braten und dann im Mörser
zusammen mit Safran, Kreuzkümmel
und Salz zu einer Paste zerreiben.

➤ Das restliche Öl in derselben Pfanne
(ohne sie auszuwaschen) erhitzen, das
Mehl darin unter Rühren bräunen und
gut in die Paste einmischen.

➤ Wein zur Paste gießen und das Ganze zurück in die Pfanne geben. Unter
Rühren einige Minuten köcheln lassen,
bis die Masse sehr dick ist. Vorsichtig
den Spargel einmischen und kurz heiß
werden lassen.

Tomatensalat

*5 reife Fleischtomaten
4 Knoblauchzehen, geschält
50 ml Olivenöl
1 EL Sherryessig,
ersatzweise Rotweinessig
½ TL Kreuzkümmel, gemahlen
½ TL Salz
1 Prise schwarzer Pfeffer, gemahlen*

➤ 4 Tomaten in Scheiben schneiden
und auf einem großen Teller arrangieren.

➤ Die verbliebene Tomate enthäuten
und pürieren, den Knoblauch zerreiben oder durch die Knoblauchpresse geben und mit den restlichen
Zutaten und dem Tomatenpüree zu
einem Dressing vermischen. Über den
Tomatenscheiben verteilen.

Marinierte Oliven

500 g grüne Oliven
4 Knoblauchzehen, ungeschält
1 unbehandelte Bitterorange,
*   ersatzweise 1 unbehandelte Zitrone*
1 – 2 Thymianzweige
1 EL Koriandersamen
1 Stange getrockneter Fenchel
*   (grüner Stängel mit zarten Blätt-*
*   chen, der aus der Fenchelknolle*
*   wächst, in getrockneter Form)*
4 EL trockener Sherry
*   oder 1 EL Rotweinessig*
Wasser zum Auffüllen

➤ Oliven mit einem Nudelholz leicht zerschlagen. Knoblauchzehen vorsichtig über einer Flamme rösten und mit dem Nudelholz einmal schlagen. Von der Mitte der Orange eine Scheibe herausschneiden, den Rest grob würfeln.
➤ Oliven, Knoblauchzehen, Orangenwürfel, Thymianzweige, Koriandersamen, Fenchel sowie Sherry oder Essig in ein Schraubdeckelglas füllen. Mit Wasser auffüllen, sodass die Oliven bedeckt sind. Orangenscheibe obenauf legen, sodass die Oliven unter der Flüssigkeitsoberfläche bleiben.
➤ Deckel fest anschrauben und die Oliven im Kühlschrank mindestens 1 Woche ziehen lassen.
➤ Raumtemperiert servieren.

Feigen-Dattel-Dessert

2 unbehandelte Zitronen
750 ml Weißwein
50 ml eau de vie
*   (hochprozentiger Schnaps)*
5 EL beliebiges Süßungsmittel
1 Zimtstange
5 Gewürznelken
250 g getrocknete Feigen
250 g getrocknete Datteln, entsteint

➤ Zitronen mit dem Kartoffelschäler schälen und den Saft auspressen.
➤ Wein, eau de vie, Zitronenschale und Zitronensaft, Süßungsmittel und Gewürze zum Kochen bringen und 15 – 25 Minuten etwas eindicken lassen.
➤ Die Feigen und nach 5 Minuten Datteln zugeben und 5 weitere Minuten köcheln lassen, bis die Früchte weich werden.
➤ Vor dem Servieren abkühlen lassen.

Italien

Gebratene Maisschnittchen

6 Tassen Wasser
4 Prisen Salz
2 Tassen Mais, mittelgrob gemahlen
(Polenta)
5 EL Olivenöl
2 TL frischer Rosmarin,
klein geschnitten
⅔ Tasse Walnüsse,
klein gehackt (etwa 80 g)
1 Prise schwarzer Pfeffer, gemahlen

➤ Das Wasser mit 2 Prisen Salz zum Kochen bringen. Maismehl unter Rühren mit einem Schneebesen schnell einrieseln lassen und sofort bedecken. Die Hitze auf ein Minimum reduzieren und etwa 20 Minuten leicht köcheln lassen.

➤ In der Zwischenzeit 2 EL Öl in einer Pfanne erhitzen und darin Rosmarin und Walnüsse etwa 5 Minuten unter Rühren rösten, bis die Nüsse eine goldene Farbe angenommen haben. Mit dem restlichen Salz und mit Pfeffer bestreuen, in die Polenta einrühren und etwa 10 weitere Minuten garen.

➤ Die Masse auf einem flachen Teller etwa 2 cm dick glatt streichen und einige Stunden, am besten über Nacht, stehen lassen. In beliebige Formen schneiden und in dem restlichen Öl langsam knusprig braten.

➤ Nach Belieben mit Tomatensauce servieren (siehe Seite 172).

Grünes Saubohnenpüree

4 Tassen frische Saubohnenkerne
(Puffbohnenkerne)
2 Stangen Bleichsellerie,
klein geschnitten
1 Zwiebel, geschält und gehackt
5 EL Olivenöl
¼ TL Salz
400 g Löwenzahnblätter,
in etwa 2 cm lange
Streifen geschnitten
2 Knoblauchzehen,
geschält und fein gehackt

➤ Bohnen, Selleriestangen und Zwiebel mit Wasser gerade bedeckt etwa 30 Minuten kochen, bis die Bohnen weich sind. Wasser abschütten und das Bohnengemüse mit 2 EL Olivenöl und dem Salz pürieren.

➤ Löwenzahn in kochendem Wasser einige Sekunden blanchieren, bis er weich ist.

➤ Das restliche Öl in einer Pfanne erhitzen und den Knoblauch darin glasig sautieren. Die gut abgetropften Löwenzahnblätter einmischen und über das Bohnenpüree geben oder damit mischen.

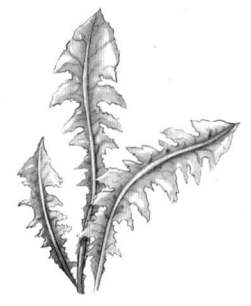

Südlicher Gemüsetopf

2 EL Sultaninen
warmes Wasser zum Einweichen
  der Sultaninen
1 große Aubergine,
  in etwa 3 cm große
  Würfel geschnitten
Salz
5 EL Olivenöl
2 Stangen Bleichsellerie,
  in dünne Scheiben geschnitten
1 große Zwiebel,
  geschält und in Ringe geschnitten
2 Eiertomaten,
  enthäutet, entkernt und püriert
1 ½ Bund Basilikum, klein gehackt
1 EL Rotweinessig
2 EL Pinienkerne
1 EL Kapern
2 Tassen grüne Oliven, entsteint
eventuell etwas Wasser
etwa 1 EL Salz

➤ Sultaninen in lauwarmem Wasser einweichen.
➤ Aubergine gut einsalzen, mindestens 30 – 60 Minuten abgedeckt mit einem Gewicht beschwert ziehen lassen, dann gut abwaschen und abtrocknen.
➤ 3 EL Olivenöl in einer Pfanne erhitzen, die Auberginenwürfel darin braten, bis sie eine goldene Farbe angenommen haben, dann herausnehmen und auf Küchenpapier abtropfen lassen.

➤ In einem großen Topf 1 EL Öl erhitzen, Sellerie darin glasig sautieren, herausnehmen und ebenfalls auf Küchenpapier abtropfen lassen.
➤ Im selben Topf (ohne ihn auszuwaschen) die Zwiebel in 1 EL Öl glasig sautieren, die Tomaten zugeben. Zwei Drittel des Basilikums zugeben und 10 Minuten bedeckt köcheln lassen. Mit Essig ablöschen.
➤ Pinienkerne, Kapern, die abgetropften Sultaninen und Oliven zugeben. Falls die Sauce zu dick ist, etwas Wasser zugießen. Mit Salz und Pfeffer abschmecken, aufkochen, dann Aubergine und Sellerie zugeben und das Ganze etwa 10 Minuten bedeckt köcheln lassen.
➤ Mit dem restlichen Basilikum bestreuen. Traditionell wird dieses Gericht kalt serviert.

Steinpilzkarotten

50 g getrocknete Steinpilze
warmes Wasser zum Einweichen
  der Pilze
5 EL Olivenöl
½ Zwiebel, geschält und fein gehackt
2 Knoblauchzehen,
  geschält und fein gewürfelt
500 g Karotten,
  in etwa 7 mm dünne
  Stifte geschnitten
¼ TL Salz
1 Prise schwarzer Pfeffer, gemahlen
4 EL Wasser
2 EL glatte Petersilie, gehackt

➤ Steinpilze etwa 20 Minuten in warmem Wasser einweichen, dann in Streifen schneiden.
➤ Öl in einem großen, flachen Topf erhitzen, Zwiebel darin glasig sautieren, Knoblauch und Pilze zugeben und unter Rühren 1 – 2 Minuten mitsautieren.
➤ Dann die Karotten gut einmischen, Salz und Pfeffer zugeben. Einige Minuten unter gelegentlichem Rühren sautieren, das Wasser zugeben und bedeckt einige Minuten garen, bis die Karotten weich sind.
➤ Vor dem Servieren Petersilie einrühren.

Gegrilltes Gemüse

1 kleine Aubergine,
  längs in etwa 3 mm
  dünne Scheiben geschnitten
1 Zucchino,
  längs in etwa 3 mm
  dünne Scheiben geschnitten
1 rote Paprikaschote,
  entkernt und schräg in
  breite Streifen geschnitten
400 g Austernpilze
etwa 2 EL Olivenöl

➤ Gemüse und Pilze mit Öl bepinseln und vorsichtig grillen – vorzugsweise auf Holzkohle.
➤ Nach Belieben mit Knoblauchöl servieren (siehe Seite 172).

Rappagemüse

1 kg Rappa
(Cima di Rapa, Stängelkohl),
ersatzweise Brokkoli
2 EL Olivenöl
¼ TL Salz
1 frische rote Chilischote,
in Ringe geschnitten
2 Knoblauchzehen,
geschält und in dünne
Scheiben geschnitten
1 unbehandelte Zitrone,
in Viertel geschnitten

➤ Blätter, Blüten und junge Stiele
des Cima di Rapa in etwa 5 cm große
Stücke schneiden und in kochendem
Wasser 1 – 2 Minuten blanchieren,
bis sie bissfest weich sind.
➤ Öl in einem großen, flachen
Topf erhitzen. Salz, Chilischote und
Knoblauchzehen zugeben und einige
Sekunden unter Rühren sautieren.
➤ Vom Herd nehmen und den abge-
tropften Cima di Rapa gut einmischen.
➤ Mit Zitronenvierteln servieren.

Variante: Den Rappa blanchieren, gut
abtropfen lassen und auf einen Teller oder
eine Platte legen. Mit einem Dressing
aus Olivenöl, frisch gepresstem Zitronensaft, Knoblauch aus der Presse, Salz und
eventuell Pfeffer reichen.

Zucchini-Fritters

4 EL Weizenvollkornmehl
4 EL Wasser
1 Prise Salz
4 kleine Zucchini,
in Streifen geschnitten
4 Zucchiniblüten
etwa 1 l Olivenöl zum Frittieren

➤ Aus Mehl, Wasser und Salz einen
Teig rühren.
➤ Zucchini und Zucchiniblüten in den
Teig tauchen und nacheinander im
Olivenöl frittieren (nicht zu viele auf
einmal).
➤ Nach Belieben mit Tomatensauce
(siehe Seite 172) oder Knoblauchöl
(siehe Seite 172) servieren.

Basilikum-Tomaten-Sauce

3 EL Olivenöl
2 Knoblauchzehen,
    geschält und fein gehackt
6 Tomaten,
    enthäutet, entkernt und
    sehr fein gehackt
¼ TL Salz
1 Prise schwarzer Pfeffer, gemahlen
2 EL Basilikum, fein gehackt

➤ Öl in einem Topf erhitzen und Knoblauch darin glasig sautieren.
➤ Tomaten, Salz und Pfeffer zugeben und bedeckt mindestens 30 Minuten unter gelegentlichem Rühren bei geringer Hitze köcheln lassen. Basilikum einrühren und kurz ziehen lassen.
➤ Zu Gemüse oder Polenta (siehe Seite 168) servieren.

Tipp: Traditionell wird Tomatensauce mindestens 3 Stunden gekocht!

Knoblauchöl

1 Knoblauchknolle
¼ TL Salz
100 ml Olivenöl

➤ Knoblauchzehen schälen, mit einem Messer oder im Mörser zusammen mit dem Salz fein zerreiben, in eine kleine Schüssel geben und das Öl mit einem Schneebesen tröpfchenweise einrühren.
➤ Zu Salaten und Gemüse servieren.

Rot-grüner Salat

1 Radicchio
250 g Rucola
einige Prisen Salz
einige Prisen schwarzer Pfeffer,
* mittelgrob gemahlen*
2 EL Balsamico-Essig
2 EL Olivenöl

➤ Radicchioblätter und Rucolablätter auf Portionstellern arrangieren. Mit Salz und Pfeffer bestreuen und mit Essig und Öl beträufeln.

Kaltes Zitrusdessert

½ Tasse beliebiges Süßungsmittel
etwa 8 unbehandelte Orangen
etwa 1 unbehandelte Zitrone

➤ Süßungsmittel mit den geriebenen Schalen einer Orange und einer Zitrone vermischen und vorsichtig unter ständigem Rühren zum Kochen bringen.
➤ Alle Orangen und die Zitrone auspressen, sodass 400 ml Orangensaft und 50 ml Zitronensaft entstehen. Die Säfte in das Süßungsmittel rühren.
➤ In eine flache Form oder in Eiswürfelformen gießen und 1 Stunde ins Tiefkühlfach stellen. Umrühren und 3 weitere Stunden gefrieren lassen.

Griechenland

Safran-Tomaten-Reis

6 sonnengetrocknete Tomaten,
  in kleine Stücke geschnitten
50 ml kochend heißes Wasser zum
  Einweichen der Tomaten
25 Safranfäden
50 ml kochend heißes Wasser zum
  Einweichen der Safranfäden
4 EL Olivenöl
3 Stangen Lauch,
  in etwa 2,5 cm große
  Stücke geschnitten
½ TL beliebiges Süßungsmittel
⅛ TL Zimt, gemahlen
¼ TL Salz
1 Prise schwarzer Pfeffer, gemahlen
2 Tassen Vollkorn-Langkornreis
2 EL Minze, gehackt
900 ml Wasser
2 EL glatte Petersilie, fein gehackt

➤ Tomaten im Wasser einweichen. Safran ebenfalls im Wasser einweichen.

➤ Öl in einem großen, tiefen Topf erhitzen und den Lauch darin einige Minuten sautieren. Süßungsmittel darübersprenkeln, gut einmischen und unter Rühren vorsichtig etwa 10 Minuten sautieren, bis der Lauch weich wird.

➤ Tomaten-Einweichwasser, Tomaten, Zimt, Salz, Pfeffer und zuletzt den Reis zugeben. Etwa 2 Minuten unter Rühren sautieren.

➤ Minze, Safran mit Safran-Einweichwasser sowie das Wasser einrühren. Bedeckt 45 – 50 Minuten garen, bis der Reis weich und aufgeplatzt und die Kochflüssigkeit absorbiert ist.

➤ Vor dem Servieren Petersilie einrühren.

Einmal fuhren wir durch ein sehr dünn besiedeltes Gebiet in Griechenland. Gerade hatten wir einen Hügel überwunden, da sahen wir vor uns ein kleines Dorf mit nur wenigen Häusern entlang der Straße. Diese jedoch war von Tischen, Stühlen und Menschen völlig blockiert. Als wir dort ankamen, wurden wir förmlich aus dem Auto gezerrt und eingeladen, am Osterfest und den dargebotenen Köstlichkeiten teilzuhaben!

Erfrischende Kichererbsen

1 ½ Tassen getrocknete Kichererbsen
Wasser zum Einweichen und Garen
    der Kichererbsen
3 EL Olivenöl
Saft einer Zitrone, frisch gepresst
¼ TL Salz
1 Prise schwarzer Pfeffer, gemahlen
1 kleine Zwiebel,
    geschält und in feine
    Ringe geschnitten
einige Stängel glatte Petersilie,
    zerpflückt

➤ Die Kichererbsen nach dem
Grundrezept (siehe Seite 11)
90 – 120 Minuten im Dampfdruck-
topf oder 3 – 4 Stunden im normalen
Topf garen.
➤ In eine Schüssel geben und mit Öl,
Zitronensaft, Salz und Pfeffer mischen.
➤ Zwiebel über die Kichererbsen
streuen, mit Petersilie garnieren.
➤ Warm oder kalt servieren.

Würzige Champignons

2 Knoblauchzehen, geschält
1 Bund Petersilie
500 g kleine Champignons
Saft einer Zitrone, frisch gepresst
100 ml Olivenöl
200 ml Weißwein,
    ersatzweise ½ EL Weißweinessig
    und 200 ml Wasser
1 Zweig Thymian
¼ TL Salz
1 Prise schwarzer Pfeffer, gemahlen

➤ Den Knoblauch und die Petersilie
fein hacken. Mit den restlichen Zutaten zusammen in einer Pfanne erhitzen und unter Rühren 6 – 10 Minuten
kochen, bis die Pilze weich sind.
➤ Kalt servieren.

Kürbis-Walnuss-Auflauf

*4 Tassen Kürbis (feste, eher süßliche
Sorte), geschält, entkernt und in
sehr dünne Scheiben geschnitten
Olivenöl für die Form
6 Knoblauchzehen, geschält
1 TL frische rote Chilischote,
grob zerkleinert
60 – 70 ml trockener Weißwein,
ersatzweise ½ EL Weißweinessig
und etwa 50 ml Wasser
5 EL Rotweinessig
1 dicke Scheibe Weizenvollkornbrot,
in Wasser eingeweicht
und ausgedrückt
1 ½ Tassen Walnüsse (etwa 150 g)
60 – 70 ml Olivenöl
eventuell etwas Wasser
¼ TL Salz*

➤ Die Hälfte des Kürbisses in eine
gefettete, feuerfeste Form überlappend
schichten.

➤ Aus Knoblauchzehen, Chilischote,
Wein, Essig, Brot und zwei Drittel der
Walnüsse in der Küchenmaschine eine
feine Sauce mixen. Die Hälfte des Öls
langsam eintröpfeln lassen, bis eine
dicke Sauce entsteht, eventuell etwas
Wasser zufügen. Mit Salz abschmecken.

➤ Die Hälfte der Sauce über den Kürbis geben, dann die restlichen Kürbis-
scheiben einschichten. Die verbliebene
Sauce darüber verteilen und mit dem
restlichen Öl beträufeln.

➤ Im Backofen bei 200 °C 20 –
30 Minuten backen, bis der Kürbis
weich, aber nicht matschig ist.

➤ Restliche Walnüsse grob hacken,
darüberstreuen und 10 weitere
Minuten backen.

➤ Warm oder kalt servieren.

Überbackenes Gemüse mit Tahin

4 junge Artischocken
4 große Karotten
2 große Kartoffeln
2 große Zwiebeln, geschält
2 EL Korianderblätter
   oder glatte Petersilie
1 Tasse frische Saubohnenkerne
   (Puffbohnenkerne)
¼ TL Salz
1 Prise Pfeffer, gemahlen
2 TL getrockneter Majoran
   oder Oregano
2 EL Olivenöl
1 Tasse Tahin
Saft einer Zitrone, frisch gepresst
2 – 4 Knoblauchzehen,
   geschält und fein gehackt
etwas Wasser

➤ Artischocken zurechtschneiden
(siehe Rezept auf Seite 165). Karotten
und Kartoffeln in 3 cm große Stücke
schneiden. Artischocken und Kartoffeln kurz blanchieren. Zwiebeln grob
würfeln, Koriander grob hacken.
➤ Diese Zutaten mit Saubohnen, Salz,
Pfeffer und Majoran oder Oregano
mischen und in eine geölte, feuerfeste
Form füllen.

➤ Aus Tahin, Zitronensaft und Knoblauchzehen mit etwas Wasser eine
cremige, nicht zu dicke Sauce rühren
und über das Gemüse gießen.
➤ Im Backofen bei 190 °C 40 –
60 Minuten backen, bis das Gemüse
gar ist.

Zucchiniblätter-gemüse

500 g Zucchiniblätter,
   möglichst nach der
   Zucchini-Ernte gepflückt
Saft einer halben Zitrone,
   frisch gepresst
2 EL Olivenöl
¼ TL Salz
1 Prise schwarzer Pfeffer, gemahlen

➤ Zucchiniblätter klein schneiden und
dämpfen, dann gut abkühlen lassen.
➤ Aus den restlichen Zutaten ein
Dressing rühren und die Zucchiniblätter damit beträufeln.

Variante: Gedämpfte Zucchiniblätter
können auch heiß, dann ohne Dressing,
serviert werden.

Grün-weiß-roter Salat

2 mittelgroße Rettiche mit Blättern
1 Bund Löwenzahnblätter,
klein geschnitten
2 Tomaten, gewürfelt
1 große Zwiebel,
geschält und gewürfelt
¼ TL Salz
1 Prise schwarzer Pfeffer, gemahlen
Saft einer Zitrone, frisch gepresst
2 EL Olivenöl
einige Kalamata-Oliven

➤ Rettichblätter klein schneiden, Rettiche in Würfel schneiden. Zusammen mit Löwenzahn, Tomaten und Zwiebel in eine Schüssel geben.
➤ Aus Salz, Pfeffer, Zitronensaft und Olivenöl ein Dressing rühren und gut in den Salat einmischen.
➤ Mit Oliven garnieren.

Marinierte Paprikaschoten

8 rote Spitzpaprikaschoten
Olivenöl
1 Knoblauchzehe,
geschält und zerrieben
einige Prisen Salz
unbehandelte Zitronen,
in Spalten geschnitten

➤ Die ganzen Paprikaschoten gut einölen und im gut vorgeheizten Backofen backen oder auf Holzkohle grillen, bis die Schoten weich sind und die Haut anfängt, Blasen zu werfen. Paprika schälen, entkernen und in große Stücke schneiden.
➤ Knoblauch, Salz und 2 EL Öl vermischen und vorsichtig unter die Paprika mischen.
➤ Mit Zitronenspalten servieren.

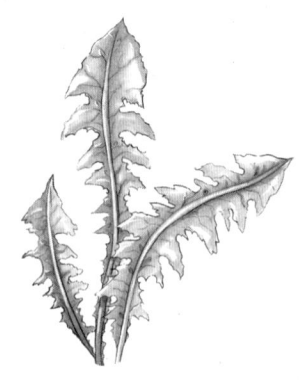

Eingelegter Knoblauch

6 Knoblauchknollen
4 Zweige Thymian
1 TL schwarze Pfefferkörner
2 Streifen unbehandelte
   Zitronenschale, etwa 5 cm lang
½ TL Zitronensaft, frisch gepresst
700 ml Weißweinessig
1 kleine frische rote Chilischote

➤ Knoblauchzehen schälen und mit Thymian, Pfeffer und Zitronenschale in ein Glas schichten.
➤ Zitronensaft mit Essig mischen und über den Knoblauch gießen, die Chilischote obenauf ins Glas geben.
➤ Bedeckt an einem dunklen, kühlen Ort 2 Wochen fermentieren lassen.

Feigen-Walnuss-Dessert

12 getrocknete weiche Feigen
12 Walnüsse
4 EL beliebiges Süßungsmittel
4 Prisen Zimt, gemahlen
etwas Wasser
4 Spalten unbehandelte Zitrone

➤ Die Feigen zur Hälfte aufschneiden, je zwei Walnusshälften hineinstecken und zusammendrücken. In eine feuerfeste Form legen.
➤ Aus Süßungsmittel, Zimt und etwas Wasser einen Sirup rühren und über die Feigen gießen. Im Backofen bei 200 °C etwa 30 Minuten backen.
➤ Mit Zitronenspalten heiß oder kalt servieren.

Die Autorin

Angelika Krüger, geboren 1964, studierte Ethnologie in Frankfurt am Main. Während ihres Studiums interessierte sie sich immer stärker für die vollwertige vegetarische Ernährung und besuchte verschiedene Seminare und Kochkurse zu diesem Thema. Später arbeitete sie regelmäßig in einem Naturkostladen und bot selbst Kochkurse und Backkurse an. Ihr Interesse an fremden Kulturen verbindet Angelika Krüger mit ihrer großen Leidenschaft, dem Reisen. Insbesondere begeistert sie sich für die jeweils landestypische Küche mit ihren speziellen Zutaten und Zubereitungsweisen. Bei jeder Reise sammelt sie viele Eindrücke – und Rezepte, von denen sie eine Auswahl in diesem Buch zusammengestellt hat.

Glossar

Agar-Agar: gelatineähnliches Produkt, das aus verschiedenen Rotalgen hergestellt wird. Gelöstes Agar-Agar ist glasklar und vollkommen geschmacksneutral. Es ist in Flockenform und Pulverform erhältlich. Die Gel bildende Wirkung des Agar-Agars ist je nach Hersteller unterschiedlich stark. Richten Sie sich bei der Dosierung deshalb auch nach den Angaben des Herstellers und probieren Sie verschiedene Mengen, um die jeweils optimale Konsistenz herauszufinden. Dabei hilft eine Gelierprobe: Wenn ein Teelöffel Agar-Agar-Flüssigkeit auf einem kalten Teller innerhalb von wenigen Minuten geliert, wird die Flüssigkeit einigermaßen fest werden.

Angelika (Synonym: Engelwurz): Pflanze, deren Samen als Gewürz vor allem im europäischen und vorderasiatischen Raum Verwendung finden. Kandierte Angelika – hierfür dient der Stängel der Pflanze – wird zur Dekoration von Süßspeisen verwendet.

Arame: eine in fadendünne Streifen geschnittene Braunalge mit mildem Geschmack.

Bambussprossen: junge Sprossen und Triebe immergrüner Gräser verschiedener botanischer Gattungen in tropischen Gebieten. Die kurzen krautigen Sprosse sind bis zu 30 cm lang und haben Durchmesser von bis zu 7 cm. Mit ihrem kohlrabiähnlichen Geschmack finden sie vor allem in der fernöstlichen Küche Verwendung.

Bockshornklee: Pflanze, deren Blätter und getrocknete, rautenförmige Samen in den Mittelmeerländern und im asiatischen Raum als Gewürz verwendet werden.

Brotfrucht: große, fast kugelige Scheinfrucht des Brotfruchtbaumes mit ölreichen Samen. Brotfrüchte können gekocht, gebraten oder frittiert werden und sind in den Tropen ein wichtiges Nahrungsmittel. Die Samen sind klein, weich und essbar.

Bulgur: ein seit Jahrhunderten im Nahen und Mittleren Osten sowie in Nordafrika bekanntes Weizenprodukt. Zur Herstellung von Bulgur wird Weizen – meist Hartweizen, seltener Weichweizen – eingeweicht, ein bis drei Stunden gekocht und anschließend grob zerkleinert und gedarrt. Nach Korngröße sortiert, ist grober und feiner Bulgur erhältlich. Gelegentlich wird Bulgur auch aus Mais, Gerste und Dinkel hergestellt.

Butternut-Kürbis: festfleischiger orangefarbener, süßlicher Kürbis von länglicher Form, der sich am unteren Ende verdickt.

Cantaloupemelone: süße Melone mit gelblich orangefarbenem Fruchtfleisch und grüngelblicher, gerippter Schale.

Chinesischer Brokkoli (Synonym: Kai-lan): chinesische Kohlart, von der die grünen Stängel und Blätter sowie die kleinen Blüten verwendet werden können. Chinesischer Brokkoli ist mitunter auch unter dem Begriff »Choi« erhältlich. Als Choi kennt man auch andere chinesische Kohlarten, zum Beispiel Kai Choi, Pak Choi und weitere.

Chipotle-Paprika: eine getrocknete und geräucherte Chilisorte mittelamerikanischer und südamerikanischer Herkunft.

Couscous: ein in Nordafrika verbreitetes Gericht und Bezeichnung für ein Getreideprodukt. Zur Herstellung wird Hartweizen – seltener andere Getreidearten – zu Grieß vermahlen. Der Grieß wird mit Wasser angefeuchtet, zu kleinen Kügelchen gerollt, anschließend mit Wasserdampf gegart und getrocknet.

Daikon-Rettich: weiße Rettichvarietät, die bis zu 40 cm lang und 1,5 bis 2,5 kg schwer wird. Daikon zählt in Japan zu den am meisten geschätzten und verbreiteten Gemüsearten.

Dulse (Synonym: Lappentang): Rotalge, die auch auf dem europäischen Kontinent, vornehmlich in Schottland, Irland oder Nordfrankreich, seit Jahrhunderten eine gewisse Tradition als Nahrungsmittel hatte.

Epazote (Synonym: Gänsefußkraut): Epazote ist ein südamerikanisches Würzkraut mit etwas herbem Aroma. Getrocknete Epazoteblätter werden ähnlich wie Lorbeerblätter zum Würzen verwendet.

Favabohne (Synonyme: Dicke Bohne, Saubohne, Puffbohne, Pferdebohne): in heutiger Zeit insbesondere im östlichen Mittelmeerraum verbreitete Bohnenart mit weißen, dunkelroten, rostroten oder braunen, flachen Samen. Frische Puffbohnen sind zur Erntezeit gelegentlich auf dem Markt erhältlich. Die getrockneten Bohnenkerne gibt es ganzjährig.

Galangawurzel (Synonym: Galgant): Wurzel des Echten Galgant oder des Großen Galgant, die zu den Ingwergewächsen zählen.

Garden Egg: kleine Auberginensorten von weiß-violetter, weiß-grüner, weißer oder hellgelber Farbe. Sorten aus Thailand und anderen südostasiatischen Ländern sind meist rund oder oval. Sorten aus afrikanischen Ländern haben häufiger das Aussehen einer Mini-Gemüsepaprika.

Ginkgonuss: Nuss des Ginkgobaumes, dessen Heimat China ist.

Goldnadelpilz (Synonym: Samtfußrübling): kleiner Speisepilz mit honiggelbem bis rotbraunem Hut, der auch in Europa heimisch ist. Wird der Goldnadelpilz im Dunkeln kultiviert, entwickelt er dünne, farblos weiße Fruchtkörper, die unter dem Namen »Enoki« erhältlich sind.

Granatapfel: runde, bis 500 g schwere gelbrote oder orangegelbe Frucht des Granatapfelbaumes mit dicker, ledriger Schale und geleeartigem roten Fruchtfleisch, das zahlreiche Kerne umhüllt.

Grünkern: unreif – im Zustand der Milchreife – geernteter Dinkel, der traditionell über Holzfeuer gedarrt wurde.

Guave: Beerenfrucht des immergrünen, aus Südamerika stammenden und heute weltweit in den Tropen verbreiteten Guavenstrauches. Die gelbschalige Frucht ist rundlich, eiförmig oder birnenförmig, das Fruchtfleisch ist fest, weißgrünlich oder tiefrosa und saftig.

Hatomugi (Synonyme: Hiobsträne, Hiobstränengras, asiatische Perlgerste, englisch: Job's tears): Samen einer aus Ostasien stammenden Getreidepflanze, die zu den Hirsen zählt.

Hokkaido-Kürbis: aus Japan stammender festfleischiger Kürbis mit orangefarbener oder grüner Schale und süßlichem, orangefarbenem Fruchtfleisch.

Jackfrucht: unregelmäßig geformte Frucht des Jackfruchtbaumes mit harter, warziger, hellgelber bis grüner Schale. Zum Kochen wird die kleine, nicht voll ausgereifte Frucht als Ganzes verwendet. Die Kerne der Babyjackfrucht sind klein, zart uns sehr schmackhaft. Sie werden mitgekocht. Das goldgelbe Fruchtfleisch der großen, ausgereiften Frucht ist saftig, feinfaserig und angenehm süß. Die großen Kerne werden entfernt, können gekocht werden, zum Beispiel als Curry, und schmecken bohnenähnlich oder nussähnlich. In Sri Lanka wird auch die mittelreife Jackfrucht mit den klein geschnittenen Kernen als Curry gekocht.

Jamswurzel (Synonym: Yams, englisch: yam): Pflanzengattung mit etwa 250 Arten, die in den tropischen Zonen der ganzen Welt verbreitet ist. Die Jamswurzel ist aufgrund ihrer stärkereichen Wurzelknolle in vielen Ländern, insbesondere in Afrika, eine wichtige Nahrungspflanze. Die Wurzeln haben ein weißes oder gelbes Fruchtfleisch und unterscheiden sich je nach Sorte in Größe und Form.

Judasohr-Pilz (Synonyme: Mu-Err, Wolkenohrpilz, chinesiche Morchel): Ständerpilz mit schüsselförmigem oder ohrenförmigem Fruchtkörper.

Kaktusfeige: stachelige, grün-gelb-orangerote Frucht des Opuntien-Kakteengewächses, dessen Fruchtfleisch orangefarben, sehr süß und voller Kerne ist.

Kalamata-Olive: spitzförmige, purpurschwarze griechische Olivensorte.

Kamut: Produktname für ein weizenähnliches Ur-Getreide bislang ungeklärter Herkunft (vermutlich aus dem ägyptisch-mesopotamischen Raum), dessen Samen doppelt so groß wie Weizenkörner sind.

Kardamom: vorwiegend in Indien und auf der indonesischen Insel Java heimische Pflanze, deren Fruchtkapseln als Gewürz dienen.

Kassawa (Synonym: Maniok): dicke, stärkereiche, bräunliche Knolle mit weißem oder gelbem, festem Inneren. Die Knollen werden vorwiegend in

Afrika und Asien angebaut und können auf verschiedene Weise verarbeitet werden, zum Beispiel durch Kochen, Dämpfen und Rösten. Für die Zubereitung wird die Schale der Wurzel abgeschält, das Wurzelfleisch längs aufgeschnitten und der fasrige innere Strang entfernt. Vor der Weiterverarbeitung wird die zerkleinerte Knolle einige Zeit – etwa 20 Minuten oder auch über Nacht – gewässert und das Wasser anschließend weggeschüttet, um die in sortenabhängiger Menge in der rohen Knolle vorhandenen giftigen Stoffe zu entfernen. Aus Kassawastärke wird auch Tapioka, ein gekörntes Lebensmittel, hergestellt, das in der Küche ähnlich wie Sago verwendet werden kann. Tapioka ist auch unter dem Namen Perlsago erhältlich.

Kemirinuss (Synonyme: Kandelnuss, Kerzennuss): haselnussförmiger, hellgelber, ölhaltiger Samen des tropischen Kemirinuss- oder Lichtnussbaumes.

Kichererbse: eine Hülsenfrucht, deren meist rundliche, kantig unregelmäßige Samen meist in getrockneter Form verwendet werden. Die dann gelblichen oder dunkelbraunen Samen liefern wie alle Samen von Hülsenfrüchten wertvolles pflanzliches Eiweiß.

Klettenwurzel: Gemüse mit langer, harter Wurzel und intensivem, erdigem Geschmack, das in gemäßigten Klimazonen meist am Waldrand wächst.

Kombu (Synonym: Japanischer Blatttang): breite, dicke, dunkle Braunalge, die vor allem zusammen mit Hülsenfrüchten gekocht wird, wobei sie diese schneller garen lässt und besser verdaulich macht.

Kotokol: südostasiatisches grünes Blattgemüse mit petersilienähnlichem Geschmack.

Kreuzkümmel (Synonym: Kumin): Doldenblütler, dessen gelbbraune Samen als Gewürz dienen.

Kudzu (Synonym: Kuzu): Stärkeextrakt aus der Wurzel einer Hochgebirgspflanze, der zum Andicken von Saucen, Suppen und Nachspeisen verwendet werden kann.

Limette: kleine, runde, zitronenähnliche Frucht mit grüner Schale und grünlichem, äußerst saftigem, sehr saurem Fruchtfleisch.

Litschi: ovale Frucht mit rötlicher und schuppiger Schale, unter der sich das feste, saftige, geleeartige, transparentweiße Fruchtfleisch und ein brauner Kern verbergen. Das Fruchtfleisch schmeckt süßsauer und parfümiert, ähnlich einer Sauerkirsche, mit ein wenig Muskatbeigeschmack.

Lotoswurzel: Wurzel der Lotosblume, einer ausdauernden Seerose. Die Wurzel, die Ausläufer bildet, wird roh oder gegart als Gemüse verwendet.

Macadamianuss (Synonym: australische Haselnuss): kleine, kugelrunde Nuss mit glatter, hellbrauner Steinschale, die geknackt wird, bevor die Nuss in den Handel kommt. Macadamianüsse besitzen einen feinen, cremigen Geschmack. Sie stammen aus Australien, werden heute aber zum Beispiel auch in den USA (Hawaii), Südafrika und Mexiko kultiviert.

Mango: rundliche bis eiförmige Steinfrucht des Mangobaumes. Unter einer ledrigen, ungenießbaren, grüngelben bis orangeroten Schale befindet sich das zarte, gelbe oder aprikosenfarbene, sehr saftige und aromatische, oft parfümiert schmeckende Fruchtfleisch.

Maniok: siehe Kassawa.

Miso: fernöstliche, fermentierte Würzpaste aus Sojabohnen und Meersalz und eventuell auch Gerste, Reis oder anderen Getreidearten.

Moos, schwarzes: asiatische Pilzart, die in getrockneter Form ähnlich wie schwarzes Moos aussieht.

Mungbohne: einjährige Leguminose mit erbsengroßen, olivgrünen Samen, die vorwiegend in China, Indien und Afrika angebaut wird. Oftmals werden die Samen gekeimt verwendet und sind dann als Sojasprossen bekannt. Die Mungbohne wird manchmal auch »grüne Sojabohne« genannt.

Nigellasamen (Synonym: Schwarzkümmel): kleine, kantige Samen des Echten Schwarzkümmels, die vor allem im vorderasiatischen, nordafrikanischen und südeuropäischen Raum als Gewürz verwendet werden. Der Echte Schwarzkümmel ist nicht mit Kümmel und Kreuzkümmel verwandt.

Okra (Synonym: Gemüse-Eibisch, englisch: lady's finger): Gemüsepflanze, deren längliche, kantige Schoten gekocht oder gebraten verwendet werden. Okra stammt ursprünglich aus Ostafrika und wird seit Langem auch in den Küchen Vorderasiens und Südostasiens genutzt.

Palmnussmus (englisch: Palmnut Cream Concentrate): aus dem Fruchtfleisch der Ölpalmenfrüchte durch Garen gewonnenes rotes Mus. Das Mus wird mit Wasser verdünnt und dient zum Beispiel als Grundlage für Saucen.

Palmöl, unraffiniert: aus dem weichen Fruchtfleisch der Ölpalmenfrüchte gewonnenes orangerotes Öl, das bei relativ hoher Außentemperatur ab etwa 27 Grad Celsius flüssig wird.

Palmzucker: von verschiedenen Palmenarten gewonnener Zucker. Hierfür werden die Blütenstände zum Beispiel von Zuckerpalme, Palmyrapalme oder Kokospalme abgeschnitten und der dabei gewonnene Blutungssaft eingekocht.

Pandanblatt: langes, schmales, grünes Blatt des asiatischen Pandanusstrauches, das oftmals zum Aromatisieren für Süßspeisen, insbesondere solche mit Reis, oder zum Einwickeln von Gerichten vor dem Garen verwendet wird.

Papadam: dünner, getrockneter Fladen der indischen Küche. Papadam wird aus verschiedenen Linsensorten hergestellt und ist mit Salz, Pfeffer, Knoblauch oder Chili gewürzt. Vor dem Servieren müssen die Fladen frittiert, über einer Flamme oder auf einer heißen Platte geröstet werden.

Papaya: runde bis birnenförmige Frucht des Papayabaumes mit gelbgrüner, empfindlicher Haut und melonenartigem, süßem roten Fruchtfleisch, das einen großen Hohlraum mit vielen schwarzen, kirschkerngroßen Kernen enthält.

Passionsfrucht (Synonym: Maracuja): Runde bis ovale, hühnereigroße Beerenfrucht der Passionsblumenart *Passiflora edulis.* Die Früchte sind unterschiedlich groß, die Schalen können gelblich, weinrot bis dunkelbraun sein. Im Reifezustand sind sie runzelig. Im Inneren enthält die Frucht ein großes Kerngehäuse mit bis zu 200 schmalen schwärzlichen Kernen in einer dünnen, weißen bis gelblichen, gallertartigen Masse. Das Fruchtinnere hat einen erfrischenden, süßsäuerlichen Geschmack.

Piment (Synonym: Nelkenpfeffer): unreife Frucht des in Indien und Zentralamerika heimischen Pimentbaumes, die als Gewürz verwendet wird.

Portulak (Synonym: Postelein): Gemüsepflanze, deren kleine grüne Blätter als Gemüse, Salat oder Kräuter verwendbar sind.

Quinoa: kleine beigegelbe Samenkörner des Fuchsschwanzgewächses gleichen Namens, dessen Heimat die Anden Südamerikas sind. Quinoa kann als ganzes Korn wie Reis oder Hirse gekocht werden. Es besitzt einen leichten, nussigen Geschmack.

Rappa (Synonyme: Cima di Rapa, Stängelkohl): Kohlgemüse mit langen Stielen und kräftigem grasgrünen Laubwerk und Blüten. Die gesamte Pflanze kann gekocht werden.

Reisbandnudeln: aus Reismehl und Wasser hergestellte Nudeln der fernöstlichen Küche.

Reisessig (Synonym: Genmai Su): natürlich fermentierter Essig, der aus Reis hergestellt wird.

Reismalz: süßer goldener Sirup, der aus gemälztem Reis hergestellt wird.

Rucola (Synonym: Rauke): einjähriges, bis 75 cm hoch werdendes Kraut mit fiederteiligen Blättern, die, solange sie jung sind, einen kräftigen, nussigen Geschmack besitzen. Rucola wird roh als Salat, aber auch kurz gegart als Gemüse verwendet.

Sago: gekörntes Nahrungsmittel mit einem Stärkegehalt von durchschnittlich 80 Prozent. Sago wird aus dem Mark der Sagopalme hergestellt.

Seitan: ursprünglich in China entwickeltes Produkt aus Weizengluten, dem Eiweiß des Weizens. Zur Herstellung wird die Stärke aus dem Weizenmehl gewaschen. Das Weizeneiweiß wird anschließend in Tamari und Wasser mit Kombu gekocht. Da Seitan in Konsistenz und Aussehen dem Fleisch ähnlich ist, bietet es sich als Fleischersatz an. Möglichst frischen, lockeren Seitan guter Qualität verwenden!

Shiitake (Synonym: Tongku): Baumpilz mit intensivem Geschmack, der vor allem zur Herstellung von Suppen verwendet wird. Shiitake stammt ursprünglich aus China und Japan.

Shoyu: durch Fermentation hergestellte Würzsauce der asiatischen Küche aus Sojabohnen, Weizen und Salz. Shoyu ist etwas dünnflüssiger und milder im Geschmack als Tamari (siehe dort).

Silberohr-Pilz: gelblicher Schwammpilz, der beim Kochen zu einer geleeartigen Masse wird und das Gericht andickt.

Soba: japanische Nudeln aus Buchweizenmehl.

Steckrübe (Synonym: Kohlrübe): rundliche, große Knolle mit orangegelblichem Fleisch (außen: gelb bis purpur) oder weißlichem Fleisch (außen: grün bis gelblich).

Sternfrucht (Synonym: Karambola): 6 bis 12 cm lange gelbliche Frucht des Sternfruchtbaumes mit fünf bis sechs tiefen Längsfurchen, die der Frucht beim Durchschneiden ein sternförmiges Aussehen verleihen. Das Fruchtfleisch ist süß, saftig und erinnert geschmacklich an Quitten oder Stachelbeeren.

Süßkartoffel (Synonym: Batate): stärkehaltige Wurzelknolle eines in den warmen Gegenden der ganzen Welt angebauten Windengewächses.

Süßreis (auch Süßer Reis): Reissorte mit hohem Glutengehalt, die ursprünglich aus Japan stammt, heutzutage in ganz Südostasien angebaut wird und sich gut für süße Reisgerichte eignet.

Tahin: Mus aus gemahlenen reinen Sesamsamen.

Tamari: durch Fermentation hergestellte traditionelle Würzsauce der asiatischen Küche. Im Unterschied zu Shoyu (siehe dort) wird Tamari ausschließlich aus Sojabohnen und Salz hergestellt.

Tamarinde: braunes, saures Fruchtmark der Schoten des indischen Tamarindenbaumes.

Tangerine: kleinste Sorte der Mandarinengruppe. Die Tangerine hat eine abgeflachte Form und eine leicht lösliche Schale. Das Fruchtfleisch ist zart, orangerot, saftig und besitzt einen nicht besonders ausgeprägten Zitrusgeschmack.

Tapioka: siehe Kassawa.

Taro (Synonym: Arbi, englisch: cocoyam): große weißrosafarbene oder gelbe, fleischige Knolle mit hohem Stärkegehalt, die weltweit in den Tropen angebaut wird. Sie lässt sich gekocht, gebacken oder frittiert verwenden. Von den trockenen, geschälten Knollen wird Mehl gewonnen.

Tef (auch Teff) (Synonym: Zwerghirse): äthiopische Getreideart mit sehr kleinen Samen, die zur Gattung Liebesgras zählt und zu den Echten Hirsen oder Millethirsen gerechnet wird. Tef wird als Kulturpflanze angebaut.

Teltower Rübchen (Synonyme: Mairübchen, Navet): Zuchtform der Rübsens (Feldkohl). Rundliche, kleine, weiße oder weiß-purpurfarbene Knolle.

Tempeh: indonesisches (javanisches), traditionell in Bananenblättern fermentiertes Sojabohnenprodukt, das gänzlich ohne Salz hergestellt wird.

Tofuhaut (Synonyme: Sojamilchhaut, Yuba): Haut, die sich beim Kochen von Sojamilch während der Herstellung von Tofu auf der Sojamilch bildet. Die hellgelbe Haut ist teilweise frisch, meist getrocknet erhältlich. Frische Tofuhaut braucht vor der Verwendung nicht eingeweicht zu werden.

Topinambur: südamerikanisches Sonnenblumengewächs mit kleinen, unregelmäßig geformten Wurzelknollen. Die Knollen haben ein süßlich schmeckendes weißes Fruchtfleisch. Traditionell wird Topinambur gekocht verwendet.

Umeboshi-Essig (Synonym: Ume-Su): Saft der Umeboshi-»Pflaume«, der bei der Herstellung von Umeboshi (in Salz eingelegte, milchsauer vergorene, unreife Umeboshi-Aprikosen) anfällt. Er hat einen salzigen, sauren Geschmack und wird für Salatsaucen, zum Kochen oder bei der Bereitung von Pickles verwendet.

Wakame: dünnblättrige und weiche Braunalge, die ein wichtiger Bestandteil für viele Misosuppen ist.

Wasserkastanie: kleine, dunkelbraune oder schwarze Wurzelknolle der Wasserkastanie, einem Sauergrasgewächs, mit festem weißen bis gelbweißen Fleisch und einem süßen, kastanienähnlichen Geschmack. Die Wasserkastanie ist eine Uferpflanze und Sumpfpflanze.

Wasserspinat (Synonym: Kangkung): spinatähnliches südostasiatisches Gemüse, von dem sowohl die Blätter als auch die hohlen Stiele verwendet werden.

Zimtbaumblatt (Synonym: Kassia): Laub des Echten Zimtbaumes oder des Ceylon-Zimtbaumes, das als Gewürz und Gemüse genutzt wird. Hauptprodukt des Zimtbaumes ist die getrocknete Rinde (Zimtstange, Zimtpulver). Auch die unreifen Früchte dienen zum Würzen.

Zitronengras: zu den Süßgräsern zählende Pflanze, deren saftige Halme und schilfartige Blätter vor allem frisch, seltener getrocknet als Gewürz verwendet werden. Sie riechen zugleich nach Zitronen und Rosen.

Zuckerschote: junge, zarte Erbsenschote, in der die Samen (Erbsen) kaum ausgebildet sind und die ganz verzehrt wird.

Rezeptverzeichnis

190

Wir engagieren uns noch stärker für den Klimaschutz!

Seit mehr als 15 Jahren drucken wir unsere Bücher weitestgehend auf Recyclingpapier und versuchen damit, eine ressourcenschonende und umweltfreundliche Buchproduktion zu ermöglichen.

In den letzten Jahren ist der Klimawandel mit seinen weitreichenden Folgen für uns und vor allem unsere nachfolgenden Generationen immer mehr zum Thema geworden. Die Auswirkungen sind bereits jetzt spürbar – Wetterextreme, sich verschiebende Jahreszeiten, Erderwärmung. Auch wenn diese Entwicklungen nicht mehr völlig aufzuhalten sind, müssen wir – auch als Verlag – aktiv werden.

Die *freiburger graphische betriebe,* die Druckerei, in der unsere Bücher produziert werden, beteiligen sich an der Klimainitiative der Druck- und Medienverbände Deutschland und bieten die Möglichkeit, Buchproduktionen klimaneutral herstellen zu lassen. »Klimaneutral« bedeutet den Ausgleich von Treibhausgasen bzw. die Neutralisation durch die Einsparung einer bestimmten CO_2-Menge an anderer Stelle. Da die Wirkungen des Treibhauseffektes global schädigen, ist es irrelevant, an welchem Ort der Welt Emissionen entstehen und wo sie dann letztendlich eingespart werden. Der gesamte Prozess des Ausgleiches von Treibhausgasen basiert auf dem Kyoto-Protokoll von 1997.

Wir haben nun die Möglichkeit, für jedes Druckprodukt den genauen Wert des CO_2-Ausstoßes, der auf den Produktionsprozess in der Druckerei und deren Materialeinsatz zurückzuführen ist, zu ermitteln. Mit Hilfe eines vom Bundesverband der deutschen Druckindustrie entwickelten Rechners, mit dem viele Faktoren erfasst werden – Energieverbrauch, Farbe, Papier, Transportwege oder Einsatz von Personal – wird am Ende der Buchproduktion ein Wert ermittelt, der die relevante Wertschöpfungskette für die technische Herstellung des Buchs umfasst und den durch die Produktion verursachten CO_2-Ausstoß nachweist.

Für diesen Wert bezahlen wir als Verlag einen Ausgleich, der dann in anerkannte und zertifizierte Klimaschutzprojekte fließt. Die Zertifizierung erfolgt durch die Organisation firstclimate (www.firstclimate.com) und wird durch das Logo »Print CO_2 kompensiert« angezeigt.

Die aus dem Druck dieses Buchs resultierende Klimaabgabe fließt in ein Windparkprojekt in der Marmara-Region in der Türkei.

Das Projektgebiet liegt in der Marmara-Region an einem Höhenrücken etwa 350 m über Meereshöhe, nahe der Dörfer Elbasan und Çatalca unweit Istanbuls. Im Rahmen des Projekts werden 20 Windenergieanlagen mit einer Nennleistung von je 3 MW errichtet.

Vegan genießen

Ingrid und Alexander Neukert:
Einfach mal vegan
ISBN: 978-3-89566-305-5

Heike Kügler-Anger:
Vegan grillen
ISBN: 978-3-89566-302-4

Heike Kügler-Anger:
**Vegane Rohköstlichkeiten
aus dem Mixer**
ISBN: 978-3-89566-317-8

Irmela Erckenbrecht:
Vegane Menüs
ISBN: 978-3-89566-328-4

Veganes aus aller Welt

Heike Kügler-Anger:
Vive la Provence!
ISBN: 978-3-89566-306-2

Heike Kügler-Anger:
Cucina vegana
ISBN: 978-3-89566-247-8

Abla Maalouf-Tamer:
Vegane Köstlichkeiten – libanesisch
ISBN: 978-3-89566-284-3

Alexander Nabben:
Tofu vegan
ISBN: 978-3-89566-283-6

Gesamtverzeichnis bei:
pala-verlag, Rheinstraße 35, 64283 Darmstadt, www.pala-verlag.de

ISBN: 978-3-89566-329-1
© 2013: pala-verlag
Rheinstraße 35, 64283 Darmstadt
www.pala-verlag.de

Innenillustrationen: Karin Bauer
www.karin-bauer.com
Umschlagillustration: Margret Schneevoigt

Lektorat: Ute Galter, Angelika Eckstein

Druck und Bindung: fgb • freiburger graphische betriebe
www.fgb.de
Printed in Germany

Dieses Buch ist auf Papier
aus 100 % Recyclingmaterial gedruckt
und klimaneutral produziert.